AF605005

¡Bien dicho!

Autores
Robert Rueda
Tina Saldivar
Lynne Shapiro
Shane Templeton
C. Ann Terry
Catherine Valentino
Shelby A. Wolf

Asesores
Jeanneine P. Jones
Monette Coleman McIver
Rojulene Norris

¡Bien dicho! is based on materials published by Houghton Mifflin Company, Boston, Massachusetts, United States of America.

Hampton-Brown
P.O. Box 223220
Carmel, CA 93922
1-800-333-3510

Printed in the U.S.A.
ISBN 0-7362-0722-8
01 02 03 04 05 06 07 08 09 10 9 8 7 6 5 4 3 2 1

¡Bien dicho!

Gramática, estilo y uso para expresarte mejor

Tabla de contenido

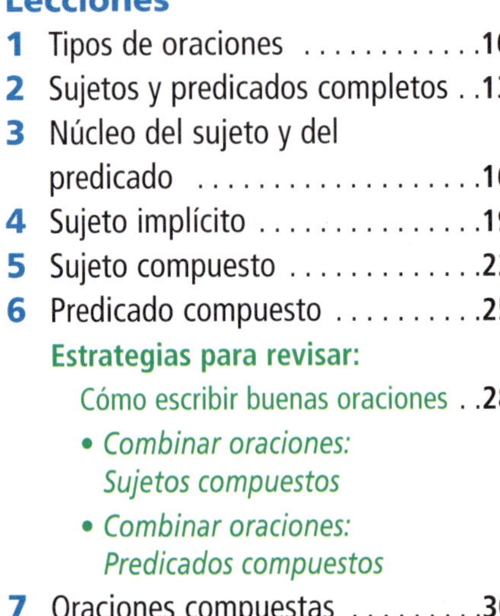

Unidad 1

La oración 9

Lecciones

Unidad 2

Sustantivos 53

Lecciones

Unidad 3

Verbos 75

Lecciones

Unidad 4

Calificativos 119

Lecciones

Unidad 5

Ortografía y puntuación 151

Lecciones

Unidad 6

Pronombres 197

Lecciones

Frases preposicionales 225

Lecciones

Unidad 1

La oración

¿Están todos listos? ¡Qué gran espectáculo vamos a dar! Sonríanles a los niños. Ellos los van a adorar.

1 Tipos de oraciones

Para comenzar

¿Qué oración hace una pregunta? ¿Cuál hace una declaración? ¿Qué podría decir la próxima oración si fuera una exclamación? ¿Y si fuera un mandato?

Me estoy perdiendo otra fiesta. ¿Van a servir helado?

—tomado de *Querido Pedrín*, de Alma Flor Ada

- Una **oración** es un conjunto de palabras que expresa una idea completa. Todas las oraciones comienzan con mayúscula.
- Una oración que hace una declaración es una **oración enunciativa**. Termina con un punto.

  Compramos un paquete de papel para envolver.
- Una oración que hace una pregunta es una **oración interrogativa**. Comienza y termina con un signo de interrogación.

  ¿Qué vas a envolver?
- Una oración que da un mandato o pide algo es una **oración imperativa**. Termina con un punto.

  Ayúdame. Por favor, sujeta la caja.
- Una oración que expresa emoción o un sentimiento fuerte es una **oración exclamativa**. Comienza y termina con un signo de exclamación.

  ¡Es un regalo maravilloso! ¡Qué generoso eres!

¡Fíjate!

No utilices demasiado el signo de exclamación porque perderá su impacto.

Inténtalo

En voz alta ¿Qué signos de puntuación necesita cada una de estas oraciones? ¿Qué tipo de oración es cada una?

1. Cuántas monedas hay en el recipiente
2. El concurso termina mañana
3. Escribe tu respuesta
4. Qué respuesta tan interesante diste
5. Por qué crees que ganará un premio

- Una **oración enunciativa** hace una declaración.
- Una **oración interrogativa** hace una pregunta.
- Una **oración imperativa** da un mandato o pide algo.
- Una **oración exclamativa** expresa emoción o un sentimiento fuerte.

Por tu cuenta

Copia cada oración. Agrega la puntuación correcta e indica qué tipo de oración es.

Ejemplo: Qué divertido será este viaje
¡Qué divertido será este viaje! *exclamativa*

6. Tengo muchos deseos de hacer este viaje
7. Has escalado alguna vez esta montaña
8. Mira mis botas nuevas
9. Por favor, dame el repelente contra insectos
10. Dónde pusiste el mapa
11. Dos pares de calcetines serán suficientes
12. Qué tonto fui de que se me olvidara el jabón
13. Esta merienda nos dará energía
14. Lo tenemos todo
15. Cuántas cosas tenemos
16. Escalar montañas cansa mucho
17. Ayúdame a llevar las mochilas al auto
18. Dónde está el bloqueador solar
19. Deberías usar varias capas de ropa
20. Recuerda que no debes llevar más de lo que puedas cargar
21. Tengo la brújula y la linterna
22. Crees que tengamos suficiente agua
23. Cuántos rollos de película debo llevar
24. Qué emocionante será llegar a la cima de la montaña

continúa ▶

Por tu cuenta continuación

25–36. Copia las 12 oraciones de esta sección de un libreto. Agrega la puntuación correcta e indica qué tipo de oración es.

Ejemplo: El excursionismo no es un deporte para todos
El excursionismo no es un deporte para todos. *enunciativa*

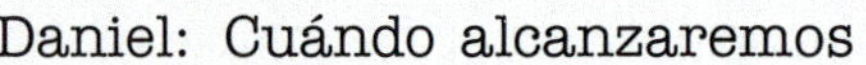

Daniel: Cuándo alcanzaremos la cima

Lina: Sólo nos falta una milla

Daniel: Qué pesada está la mochila

Lina: Llévala en la mano por un rato

Daniel: Mira qué cómoda se ve esa roca

Lina: Eso fue una indirecta

Daniel: Me encantaría descansar unos minutos

Lina: Cómo es posible que te hayas cansado tan pronto

Daniel: Llevamos más de una hora caminando

Lina: Por favor, deja de quejarte tanto

Daniel: Tú me pediste que te acompañara

Lina: Qué error

¡Ahora, a escribir!

ESCRIBIR • PENSAR • ESCUCHAR • HABLAR

CREAR

Escribe una escena de teatro corta

Escribe una escena de teatro corta sobre una excursión, como una caminata, un viaje en tren o una visita a un museo. Inventa dos personajes. Usa los cuatro tipos de oraciones. Pídeles a tus compañeros que elijan distintos papeles y lean tu escena en voz alta. Deben indicar cada tipo de oración con el tono de la voz.

Práctica adicional: página 48

Gramática

2 Sujetos y predicados completos

Para comenzar

S y P van a comprar zapatos. S comienza una oración y P la termina. Túrnate con un compañero para ser S y P.
Por ejemplo,

S: Los zapatos de punta en forma de ala
P: volaron de los estantes de la tienda.

¿Cuántas oraciones divertidas sobre el tema puedes formar?

- Todas las oraciones tienen dos partes: sujeto y predicado. El **sujeto** nos dice de quién o de qué habla la oración. El **predicado** nos dice qué hace, qué es, qué tiene o qué siente el sujeto.
- Todas las palabras del sujeto forman el **sujeto completo**. Todas las palabras del predicado forman el **predicado completo**.

Sujeto completo	Predicado completo
Las zapatillas verdes	están en liquidación.
¿Quién	quiere un par?
Mi amigo	quiere uno.
Todos en la escuela	están usando sandalias.

Inténtalo

En voz alta ¿Cuál es el sujeto completo de cada oración? ¿Cuál es el predicado completo?

1. Julia Fuentes se subió a un autobús.
2. El autobús se detuvo frente al almacén de computadoras "Andrade".
3. Alberto Andrade es el dueño de la tienda.
4. El dependiente le sonrió.
5. Las luces brillaban.
6. Grandes pantallas presentaban mensajes.
7. Otros clientes examinaban las computadoras.

continúa ▶

Inténtalo continuación

8. El vendedor era cortés, atento y bien informado.
9. ¿Qué cosa atrajo más la atención de Julia?
10. Los dibujos animados en colores hacen más divertida la búsqueda.
11. Alguien del departamento de envíos fue a ayudarla.

- Todas las oraciones tienen sujeto y predicado. El **sujeto** dice de quién o de qué habla la oración. El **predicado** dice qué hace, qué es, qué tiene o qué siente el sujeto.
- El **sujeto completo** consiste en todas las palabras del sujeto.
- El **predicado completo** consiste en todas las palabras del predicado.

Por tu cuenta

Copia las siguientes oraciones.Traza una línea entre el sujeto completo y el predicado completo.

Ejemplo: Los fuegos artificiales se inventaron hace cientos de años.
Los fuegos artificiales | se inventaron hace cientos de años.

12. Un nuevo año comienza.
13. Una explosión de colores llena el cielo en muchas ciudades.
14. Muchas fiestas se celebran con fuegos artificiales.
15. Las celebraciones del 4 de Julio incluyen fuegos artificiales.
16. El Festival del *Orange Bowl* en Miami tiene fuegos artificiales.
17. Los canadienses celebran el Día de Canadá con fuegos artificiales.
18. Los italianos usan fuegos artificiales en fiestas religiosas.
19. Los antiguos griegos usaban fuegos artificiales.
20. Los chinos inventaron la técnica.
21. La gente disfruta mucho de los fuegos artificiales.
22. Los niños pequeños se maravillan con el espectáculo.
23. Los diferentes colores estallan en el cielo.
24. Un estallido repentino va seguido de una explosión de colores.
25. Todos terminan fascinados.

continúa ▶

Por tu cuenta continuación

26–45. Copia las 20 oraciones de este boletín informativo. Traza una línea entre el sujeto completo y el predicado completo de cada oración.

Ejemplo: Los fuegos artificiales están por comenzar.
Los fuegos artificiales | están por comenzar.

Noticiero TV3

Los fuegos artificiales fascinan al público

Los fuegos artificiales del Cuatro de Julio están por comenzar. Cientos de personas esperan a la orilla del río. ¡Todo el mundo cantó durante el concierto de la banda militar! Algunos se pusieron de pie cuando la banda tocó canciones patrióticas.

Un fuerte estallido se oye. Una lluvia de luces explota sobre nuestra cabeza. Los bebés gritan de contentos en sus carreolas. Los adultos aplauden. Los vendedores venden banderitas, globos, comida y bebidas. Los niños agitan sus banderitas. Algunos desfilan por el césped. Unos perritos alborotados los siguen. Los fuegos artificiales brillan en el cielo oscuro. Rayas de luces de diferentes colores llenan la noche. La música acompaña los fuegos artificiales. El espectáculo es una maravilla. Todos deben escuchar con atención. Los fuegos artificiales están coordinados con la música. Los últimos fuegos artificiales se apagan. Las estrellas se ven otra vez en el cielo.

¡Ahora, a escribir!

ESCRIBIR • PENSAR • ESCUCHAR • HABLAR

DESCRIBIR

Escribe una nota para tu diario

¿Qué has visto recientemente que te haya impresionado? Descríbeselo a un compañero. Luego, escribe una nota para tu diario, describiendo lo que viste y oíste. Trabajen juntos para comprobar que cada oración tenga sujeto y predicado.

Práctica adicional: página 48

3 Núcleo del sujeto y del predicado

Para comenzar

La hermosa abejita adoraba el juguete.

Túrnate con tus compañeros para cambiar las palabras subrayadas. Uno cambia la palabra *abejita* y otro cambia la palabra *adoraba*. ¿Cuántos "cuentos" diferentes pueden contar cambiando las palabras que se encuentran en esas dos posiciones?

- Ya has aprendido sobre los sujetos completos y los predicados completos. Las palabras *principales* del sujeto, que pueden ser una o más, forman el **núcleo del sujeto**. El núcleo del sujeto es un sustantivo o un pronombre.
- Las palabras *principales* del predicado completo, que pueden ser una o más, forman el **núcleo del predicado**. El núcleo del predicado es un verbo o una frase verbal.

Núcleo del sujeto	Núcleo del predicado
El timbre de la puerta	sonó.
El juguetón perrito color café	saltó al oír el ruido.
Francisco Castro, de Nueva York,	estaba de visita.
Él	ha estado jugando con el perrito.
Nueva York	es también donde vive Ana.
El perro de Ana	ha crecido mucho.

Inténtalo

En voz alta ¿Cuál es el núcleo del sujeto y el núcleo del predicado de cada oración?

1. Martín Oliva oyó la excavadora.
2. La excavadora se movía lentamente.
3. La pala de la excavadora había estado empujando pilas de arena.
4. Los ojos de Martín brillaron de gusto.
5. Las pilas de arena desaparecieron.

continúa ▶

Inténtalo continuación

6. La arena oscura parecía mojada.
7. Un charco de agua se evaporaba al sol.
8. El niño estaba observando la construcción.
9. Martín observaba todo lo que pasaba en la obra.
10. El niño podía oír la bocina de la excavadora.
11. Su sueño se había convertido en realidad.
12. El conductor de la enorme excavadora saludó a Martín con la mano.

- El **núcleo del sujeto** es la palabra principal (pueden ser una o más) del sujeto completo. Es un sustantivo o un pronombre.
- El **núcleo del predicado** es la palabra principal (pueden ser una o más) del predicado completo. Es un verbo o una frase verbal.

Por tu cuenta

Escribe el núcleo del sujeto de cada oración y subráyalo una vez. Después, escribe el núcleo del predicado y subráyalo dos veces.

Ejemplo: Tres clientes habían entrado en la tienda de bicicletas.
clientes habían entrado

13. El dueño de la tienda sonrió.
14. Los clientes llenaban el local.
15. Una muchacha alta y rubia había estado examinando una bicicleta.
16. Esa bicicleta estaba delante de las demás.
17. Una reluciente campanilla de plata colgaba del manubrio.
18. La hermana de Julia estaba comprando unos reflectores.
19. El tío Alberto examinaba una bicicleta de montaña.
20. Un niño compró un libro de reparación de bicicletas.
21. Ernesto López preguntó si podía ver un tándem.
22. Un tándem es una bicicleta con asientos y pedales para dos personas.
23. Muchos curiosos admiraban el monociclo.
24. El monociclo es una antigüedad.

continúa ▶

Por tu cuenta continuación

25–38. Esta sección de un artículo de enciclopedia tiene 14 oraciones. Cópialo y subraya los núcleos de cada sujeto una vez y los núcleos de cada predicado dos veces.

Ejemplo: Las carreras de bicicletas son muy populares.
Las carreras de bicicletas son muy populares.

Ciclismo (continuación)

La bicicleta se ha usado desde hace unos 150 años. La primera carrera oficial se realizó en Francia en 1868. Las carreras en los Estados Unidos comenzaron en 1878. Las Olimpiadas tienen carreras de bicicletas desde 1896.

Al principio, los ciclistas europeos corrían carreras en el campo. Pero los caminos de Gran Bretaña estaban en malas condiciones. Los ciclistas sufrían por las piedras, el tráfico, el mal tiempo y los baches.

Las pistas cubiertas se hicieron populares. Los aficionados podían seguir la carrera desde sus asientos bajo techo. Los ciclistas disfrutaban de la protección, la comodidad y la uniformidad de las pistas cubiertas. El Madison Square Garden de Nueva York llegó a ser una de las primeras pistas importantes de ciclismo.

El interés por las carreras al aire libre se ha extendido hoy a casi todos los países. Las carreras son muy populares en Europa. ¡El mundo del ciclismo prospera!

¡Ahora, a escribir!

ESCRIBIR • PENSAR • ESCUCHAR • HABLAR

COMPARAR

Escribe un editorial

¿En qué se diferencia andar en bicicleta de pasear en auto o ir en autobús? Escribe un editorial sobre las bicicletas. Explica por qué es mejor andar en bicicleta que en otro vehículo y por qué es peor. Léele tu editorial a un compañero. ¿Está de acuerdo contigo? Pídele que señale el núcleo del sujeto y el núcleo del predicado de cada oración.

Práctica adicional: página 49

Gramática

Sujeto implícito

Las siguientes oraciones tienen el mismo sujeto. ¿Cuál es?

Como mucho pan. También como mucha lechuga y mucho tomate. ¡Me voy a convertir en un sándwich!

- A veces el sujeto de una oración se da por entendido y no aparece en la oración. Esto ocurre cuando el sujeto está determinado por la forma verbal o por el contexto. Entonces se dice que la oración tiene **sujeto implícito**.
- La conjugación del verbo y el contexto indican cuál es el sujeto implícito en una oración.

  Mi hermana fue en auto. Aun así, llegó tarde.

  El sujeto implícito de la segunda oración es *Mi hermana* o *Ella*. Se sobrentiende por el verbo *llegó* y por el contexto.

  Tengo prisa. ¿Me pides un taxi?

  El sujeto implícito de la primera oración es *Yo.* El de la segunda es *Tú.*

¡Fíjate!
No confundas una oración correcta que tiene sujeto implícito con un fragmento de oración.

- Las oraciones imperativas a menudo tienen sujeto implícito.

  Lléveme a la Plaza Central, por favor. (Usted)

Inténtalo

En voz alta ¿Cuál es el sujeto implícito de cada oración?

1. Encontré mi asiento.
2. ¡Ten cuidado con el escalón!
3. Puede subir sola al autobús.
4. ¿Se sentarán aquí?
5. Siéntate aquí conmigo.

continúa ▶

Inténtalo continuación

6. Por favor, ocupen sus lugares lo antes posible.
7. ¿Se detendrá en la esquina?
8. Bajaremos pronto.
9. Alcánzame un momento la bolsa del mandado.
10. Puedo leer el letrero de la siguiente calle.

- Una oración tiene **sujeto implícito** cuando el sujeto no aparece en la oración, pero se da por entendido por la forma verbal y por el contexto.
- Las oraciones imperativas a menudo tienen sujeto implícito.

Por tu cuenta

Escribe el sujeto implícito de cada oración.

Ejemplo: Jugamos con el balón. *nosotros*

11. Nos dijo que guardáramos el balón.
12. Encontré lugar en la primera fila.
13. No fueron.
14. Estaban de viaje.
15. ¿Recuerdas el partido del año pasado?
16. Me acompañó hasta el final.
17. Tengo un trofeo de primer lugar.
18. ¿Sabes jugar fútbol?
19. Suena todos los días a las siete.
20. Salimos corriendo para llegar a tiempo.
21. Conozco todos los caminos.
22. Siempre llega después que yo.
23. Se quedó sin gasolina.
24. Hoy llegó tarde.

continúa ▶

Por tu cuenta continuación

25–40. Este manual de seguridad contiene 16 oraciones. Escribe el núcleo del sujeto de cada oración. Indica si el sujeto es implícito.

Ejemplo: Siempre mire a un lado y a otro. *usted implícito*

Consejos para peatones

- Camine siempre por las aceras.
- ¿La calle está libre de autos? Viajan muy rápido y aparecen sin aviso. Espere la luz verde.
- ¿Piensa salir de noche? La ropa de colores claros es siempre mejor.
- Siempre tenga cuidado al cruzar la calle, por favor.

Consejos para ciclistas

- ¿Anda en bicicleta por la ciudad? Las bicicletas deben obedecer las reglas igual que los automóviles.
- ¿Ve las señales de tránsito? No están ahí para bonito. Obedézcalas.
- Haga señas manuales para girar a la izquierda o derecha, o para detenerse.
- Las carreras de bicicletas son emocionantes. No pertenecen en la vía pública. Mantenga una velocidad prudente.

¡Ahora, a escribir!

ESCRIBIR • PENSAR • ESCUCHAR • HABLAR

EXPLICAR

Escribe consejos de seguridad

¿Qué haces en tu tiempo libre? ¿Patinas? ¿Construyes cosas? ¿Juegas fútbol? Escribe consejos para evitar accidentes en esa actividad. Usa oraciones con sujetos implícitos. Léele tus consejos a un compañero y pídele que señale los sujetos implícitos.

Práctica adicional: página 49

Gramática

5 Sujeto compuesto

¿De quién o de qué trata esta oración? ¿Qué conjunción une los dos núcleos del sujeto?

Abuela y nieta regresaron a Santa Cruz sentadas una al lado de la otra.

—tomado de *El tapiz de abuela*, de Omar S. Castañeda

Ya sabes que el sujeto de todas las oraciones tiene un núcleo.

Los estudiantes de la banda tocan bien.

En algunas oraciones, el sujeto tiene más de un núcleo. Cuando un sujeto tiene dos o más núcleos unidos por una conjunción, como *y* u *o*, se denomina **sujeto compuesto**.

¿Por qué practican Juana y Carolina?

Mi hermano o mi hermana cantará mañana.

Los padres, los familiares y los amigos pueden asistir.

La bella música y los alegres bailes serán preciosos.

Inténtalo

En voz alta ¿Cuál es el sujeto compuesto de cada oración? ¿Qué conjunción une los núcleos?

1. Los bolsos y las billeteras pueden ser de plástico.
2. El plástico, el acero y el aluminio son materiales de construcción.
3. ¿Es más fuerte el aluminio o el acero?
4. El carbón, el gas y el petróleo pueden utilizarse para fabricar plástico.
5. ¿Es mejor el plástico o el vidrio para fabricar lentes?
6. El plástico y el acero pueden utilizarse en el mismo producto.
7. Las computadoras y las máquinas fotográficas tienen algunas piezas de plástico muy fuertes, livianas y resistentes.
8. Los automóviles y los tranvías contienen plástico.

continúa ▶

Inténtalo continuación

9. Las herramientas y máquinas de plástico no se rompen fácilmente.
10. Las ollas y los moldes de plástico son fáciles de limpiar.
11. Los esquís y los zapatos plásticos para la nieve son caros.
12. ¿Es más barato el plástico o el aluminio?

- Un **sujeto compuesto** tiene dos o más núcleos que están unidos por una conjunción, como *y* u *o*.

Por tu cuenta

Escribe los núcleos del sujeto compuesto de cada oración. Luego escribe la conjunción que une los núcleos.

Ejemplo: Grandes compañías y pequeñas empresas producen plástico.
compañías *empresas* *conjunción: y*

13. El vidrio y el plástico pueden utilizarse para fabricar botellas.
14. Un plato o un molde de plástico es liviano.
15. Muchos recipientes y utensilios de cocina están hechos de plástico.
16. ¿Son mejores los mostradores de plástico o las mesas de madera?
17. ¿Tienen piezas de plástico tu reloj y tus auriculares?
18. Las casas y los automóviles contienen mucho plástico.
19. Las amas de casa, los ejecutivos y los niños usan objetos de plástico.
20. ¿Tienen piezas de plástico los televisores y los teléfonos?
21. ¿Compran platos de plástico José, Pedro y Lucía Núñez?
22. Los sándwiches fríos y las ensaladas pueden envolverse en plástico.
23. Lucía y sus compañeros de clase aprendieron más sobre el plástico.
24. Un libro o una enciclopedia te dará la información.
25. Los niños y las niñas de la clase se dividieron en equipos.
26. Lucía y su equipo vieron una película sobre el plástico.
27. Carlos, su equipo y la bibliotecaria buscaron más información.
28. Los libros, las revistas y las películas les sirvieron a los equipos.

continúa ▶

Por tu cuenta continuación

29–37. Este anuncio tiene nueve oraciones. Escribe los núcleos del sujeto compuesto de cada una. Después, escribe la conjunción que une los núcleos.

Ejemplo: ¿Cuándo inventaron el plástico los científicos y los técnicos?
científicos *técnicos* *conjunción: y*

Planeta Tierra: Frágil

Muchas botellas y recipientes estan hechos de vidrio.

Una caída o un golpe puede romperlos.

Los árboles y la madera desaparecen cada año que pasa.

¿Qué harán los carpinteros y obreros para construir casas?

Los científicos y los técnicos crearon el plástico.

El plástico y productos similares fueron la gran solución.

Desecharlos o reciclarlos es ahora la preocupación.

Ciertos plásticos y otros productos afectan el aire y la tierra.

Por eso, tú, yo y los demás no los debemos tirar.

¡RECICLEMOS!

¡Ahora, a escribir!

ESCRIBIR • PENSAR • ESCUCHAR • HABLAR

Escribe un anuncio

¿Qué problema te preocupa? ¿El tráfico? ¿Los animales en peligro de extinción? ¿Qué quieres hacer al respecto? Escribe un anuncio sobre el tema. Incluye por lo menos tres oraciones con sujetos compuestos. Léele tu aviso a un grupo pequeño de tus compañeros y pregúntales qué opinan del mensaje.

Práctica adicional: página 50

Gramática

6 Predicado compuesto

chapoteó	goteó	llovió	lloviznó
salpicó	se derramó	se inundó	chorreó
corrió	caminó	se precipitó	esperó

Túrnate con tus compañeros para formar oraciones sobre una tormenta. En cada oración, usa dos de los verbos que aparecen sobre estas líneas, unidos por las palabras *y* u *o*.

Has aprendido que el sujeto de una oración puede tener más de un núcleo. El predicado también puede tener más de un núcleo. Cuando el predicado tiene dos o más núcleos unidos por una conjunción, como *y* u *o*, se denomina **predicado compuesto**.

Los niños en el parque saltaban, jugaban y corrían.

Alberto y yo caminaremos rápidamente y llegaremos primero a la casa de José.

La gente abría sus paraguas, subía a los autobuses o corría a refugiarse en las tiendas.

Inténtalo

En voz alta ¿Cuál es el predicado compuesto de estas oraciones? ¿Qué conjunción une los núcleos del predicado?

1. Las personas que desean visitar el museo compran un boleto y entran.
2. Los visitantes pueden recorrer el museo o ver diapositivas.
3. Un guía tenía puesta una armadura y contaba historias sobre dragones.
4. Observamos, hicimos preguntas y aprendimos.
5. Los niños y los adultos almorzarán o descansarán.

continúa ▶

Inténtalo continuación

6. Pedro y Ángel vieron y disfrutaron las exhibiciones.
7. Pedro subió las escaleras y encontró la galería de los animales.
8. Todos fueron a la tienda de regalos y compraron postales.

- El **predicado compuesto** contiene dos o más núcleos, que están unidos por una conjunción, como *y* u *o.*

Por tu cuenta

Escribe los núcleos del predicado compuesto de cada oración. Después, escribe la conjunción que une los núcleos.

Ejemplo: José irá al museo de ciencias y verá todas las exhibiciones.
irá *verá* *conjunción: y*

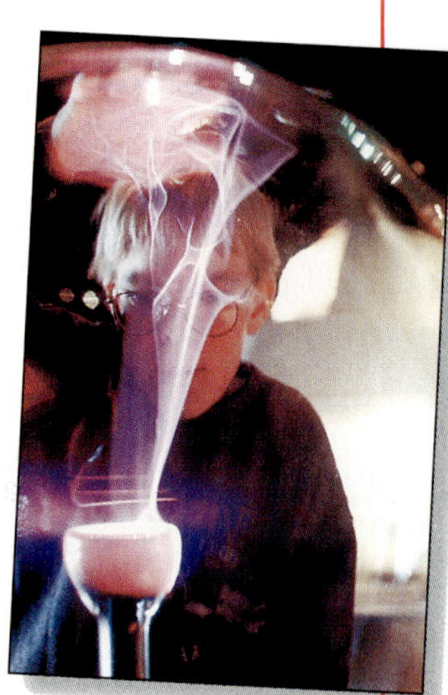

9. Nuestro grupo se unió a un recorrido y siguió a la guía.
10. Los visitantes estudiaban las monedas, admiraban las joyas o examinaban las herramientas antiguas.
11. Alberto y Ana observaron, examinaron y probaron todo.
12. Una guía sostenía una serpiente y la describía.
13. La guía contestó preguntas y explicó cómo viven los reptiles.
14. Todos tocaron la serpiente o la sujetaron.
15. Amalia vio y usó una cámara de televisión.
16. Algunos hacían muecas o bailaban delante de la cámara.
17. Algunas computadoras tenían juegos o enseñaban matemáticas.
18. Una computadora hablaba en diferentes idiomas y hasta cantaba.
19. El agua de un tanque se derramó y nos salpicó.
20. Grandes olas crecieron rápidamente, se rompieron y desaparecieron.

continúa ▶

Por tu cuenta continuación

21–32. Esta circular tiene 12 oraciones. Escribe los núcleos del predicado compuesto de cada una. Después, escribe la conjunción que une los núcleos. No olvides el título.

Ejemplo: Los padres visitarán una clase o recorrerán la escuela.
visitarán *recorrerán* *conjunción: o*

Vengan y visiten la feria de ciencias de la escuela César Chávez este viernes, 22 de marzo.

★ Los estudiantes de la escuela César Chávez estudian y trabajan muy duro en sus proyectos científicos. Algunos se quedan hasta tarde o visitan la biblioteca. Ahora sus familias vendrán, los visitarán y verán los resultados. Los visitantes disfrutaron y admiraron la feria del año pasado. Algunos estudiantes presentaron informes, hicieron letreros o construyeron modelos. Otros explicaron experimentos o hicieron exposiciones. Decenas de exhibiciones llenaban los salones de clase y cubrían el gimnasio. Las familias observaron, aprendieron y se sintieron muy orgullosas. La feria de este año les mostrará y enseñará muchas cosas.

★ La cafetería servirá comida gratuita y ofrecerá una variedad de refrescos.

★ Los jueces examinarán las exposiciones y otorgarán premios.

¡Ahora, a escribir!

ESCRIBIR • PENSAR • ESCUCHAR • HABLAR

INFORMAR

Escribe una circular

Piensa en un acto especial en tu escuela o en tu ciudad. Escribe una circular que anuncie el acto. Usa por lo menos tres oraciones con predicado compuesto. Trabaja con un grupo de compañeros y lean las circulares en voz alta. En parejas, busquen los predicados compuestos.

Práctica adicional: página 50

Estrategias para revisar

Cómo escribir buenas oraciones

Combinar oraciones: Sujetos compuestos Tus oraciones serán menos repetitivas si eliminas palabras innecesarias. Trata de combinar oraciones similares que tengan sujetos diferentes. Únelas con una conjunción, como *y* u *o*, para formar un sujeto compuesto.

La maestra de ciencias organiza preguntas para la feria de ciencias.
Sus estudiantes organizan preguntas para la feria de ciencias.

La maestra de ciencias y sus estudiantes organizan preguntas para la feria de ciencias

Aplícalo

1–4. Revisa las respuestas a estas preguntas. Combina las oraciones similares, uniendo los núcleos del sujeto con *y* u *o* para former un sujeto compuesto.

Revisa

Respuestas de ciencias en el deporte

¿Cómo salta un jugador de baloncesto?
La posición de las rodillas influye en la altura del salto. El movimiento de los brazos influye en la altura del salto. Estos factores impulsan al jugador hacia arriba.

¿Por qué duelen los músculos después de hacer ejercicio?
El ejercicio excesivo puede desgarrar los músculos. Una técnica deficiente puede desgarrar los músculos. Estas lesiones producen inflamación, que causa dolor.

¿Es importante la temperatura del hielo en el hockey?
Sí, porque con el frío el hielo se endurece. Los jugadores se deslizan más rápidamente sobre el hielo endurecido. El disco se desliza más rápidamente sobre el hielo endurecido.

¿Qué movimiento permite nadar más rapido?
El movimiento en forma de "S" es el más eficaz. Una brazada larga impulsa mejor al nadador. La mano ahuecada impulsa mejor al nadador. La brazada en forma de "S" combina ambos movimientos.

Combinar oraciones: Predicados compuestos Ésta es otra manera de mejorar tu estilo de escribir. Combina dos o tres oraciones simples para formar una oración con predicado compuesto. Une los núcleos del predicado compuesto con una conjunción, como *y*, *pero* u *o*.

En el sitio Web, los estudiantes exploran. En el sitio Web, los estudiantes descubren. En el sitio Web, los estudiantes aprenden.	En el sitio Web, los estudiantes exploran, descubren y aprenden.

Aplícalo

5–8. Revisa esta página Web. Combina cada par de oraciones subrayadas formando predicados compuestos. Elige las conjunciones apropiadas.

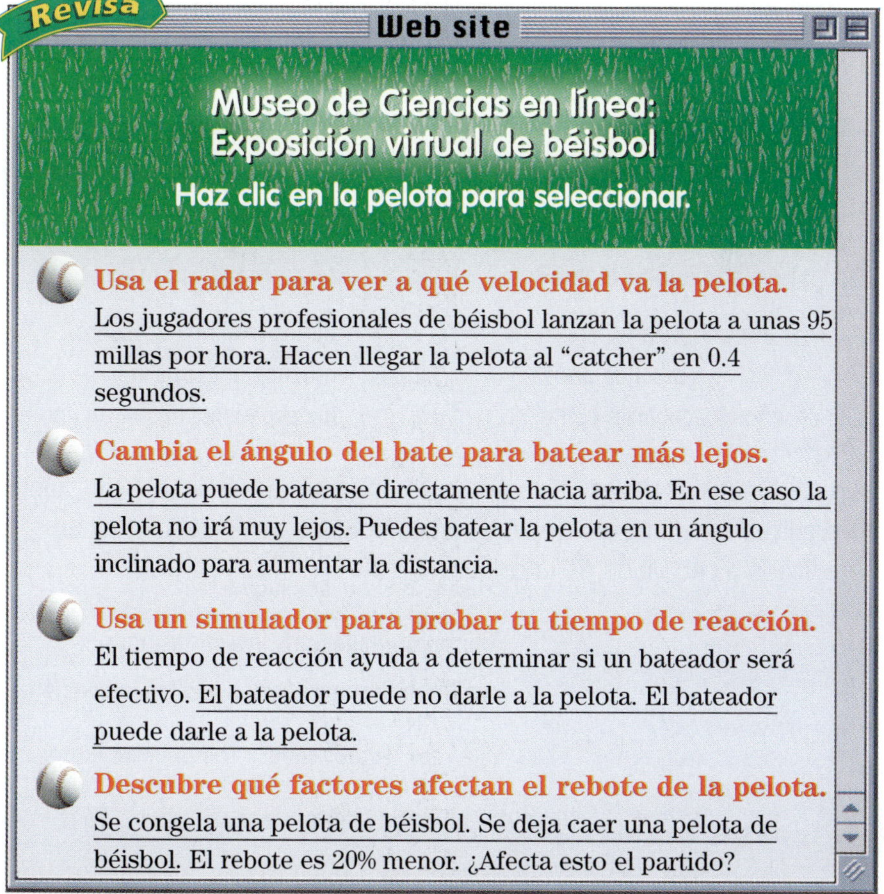

7 Oraciones compuestas

Halla dos sujetos y dos predicados distintos en la siguiente oración. ¿Qué dos oraciones independientes podrías formar con ellos?

> Volvieron las sonrisas y una cierta tranquilidad reinaba en el ambiente.
>
> —tomado de *Don Caracol Detective*, de José Francisco Viso

- Hasta ahora sólo has aprendido sobre las oraciones simples. Una **oración simple** tiene un sujeto y un predicado, y expresa una idea completa. Algunas veces, es posible combinar dos oraciones simples para formar una **oración compuesta**. Las oraciones simples están unidas por una conjunción como *y*, *o*, *pero* y a veces también por una coma.

Oraciones simples	Oraciones compuestas
Juana es ingeniera. Su esposo es pintor.	Juana es ingeniera y su esposo es pintor.
¿Vas al Perú solo? ¿Te acompaña tu mamá?	¿Vas al Perú solo o te acompaña tu mamá?
El imperio inca prosperó muchos años. Los españoles acabaron con él.	El imperio inca prosperó muchos años, pero los españoles acabaron con él.

- No confundas una oración compuesta con una oración simple con sujeto o predicado compuesto. Una oración compuesta tiene un sujeto y un predicado a cada lado de la conjunción.

Sujeto compuesto	Ana y yo realizamos investigaciones.
Predicado compuesto	Escribimos informes y los leemos en voz alta.
Sujeto compuesto y predicado compuesto	Ella y yo estudiamos y trabajamos juntos.
Oración compuesta	Ana escribe el informe a máquina y yo lo reviso.

Inténtalo

En voz alta ¿Cuáles oraciones son compuestas? ¿Cuáles son oraciones simples con sujeto o predicado compuesto? ¿Qué conjunción une las partes de cada oración compuesta?

1. Los antiguos habitantes del Perú pintaron imágenes enormes, pero su significado es un misterio.
2. Dejaron largas líneas trazadas en la tierra y también dibujaron animales enormes.
3. Algunas líneas miden 40 millas de largo, y algunos dibujos son del tamaño de dos campos de fútbol.
4. Tierra, rocas y piedras fueron removidas de una capa de tierra oscura.
5. Una capa arenosa quedó al descubierto y esa capa aún se puede ver.

- Una **oración compuesta** está formada por dos oraciones simples. Las oraciones simples están unidas por una conjunción como *y*, *o*, *pero*, y a veces también por una coma.

Por tu cuenta

Copia las oraciones compuestas y subraya las dos oraciones simples que las componen. Si la oración no es compuesta, escribe *no compuesta.*

Ejemplo: Los dibujos del Perú son antiguos, pero aún podemos verlos.
Los dibujos del Perú son antiguos, pero aún podemos verlos.

6. Unos pueblos antiguos hicieron estos dibujos, pero probablemente nunca los vieron en su totalidad.
7. Los dibujos pueden verse mejor desde el aire y la gente les toma fotos desde los aviones.
8. ¿Representan las rayas un calendario o significan otra cosa?
9. Muchas charlas se dan y muchos libros se publican sobre el tema.
10. La mayoría de los dibujos se encuentran en el Perú, pero existen dibujos similares en otros países.

continúa ▶

Por tu cuenta continuación

11–18. Esta página para un sitio Web de turismo tiene ocho oraciones. Cópialas. Si la oración es compuesta, subraya las dos oraciones simples que la componen. Si no, escribe *no compuesta.* No olvides el título.

Ejemplo: Las playas y centros turísticos del Perú atraen a los turistas.
Las playas y centros turísticos del Perú atraen a los turistas.
no compuesta

Sitio Web de turismo

Asia y Europa son maravillosas, pero ¿ha visitado el PERÚ?

- El Perú deleita los ojos y abre la mente.
- Navegue en barco por el Amazonas y suba a los Andes.
- La pintoresca ciudad de Cuzco y las ruinas de Machu Picchu son inolvidables.
- Un avión lo llevará a Nazca y podrá ver las enormes figuras trazadas en la tierra. Las figuras no pueden verse desde el suelo, pero se distinguen claramente desde un avión. Tome fotos o simplemente disfrute de la vista.

Nuestros agentes de viajes contestarán sus preguntas y usted quedará totalmente satisfecho.

¡Ahora, a escribir!

ESCRIBIR • PENSAR • ESCUCHAR • HABLAR

EXPRESAR

Escribe un folleto turístico

¿Qué ciudad, museo, parque u otro lugar has visitado y disfrutado? Escribe un folleto turístico sobre el lugar. Escribe varias oraciones compuestas. Túrnate con un compañero para leer en voz alta los folletos que escriban. Pídele a tu compañero que te diga qué detalle del lugar que escogiste es el más memorable.

Práctica adicional: página 51

Gramática

8 Conjunciones

¿Nadará Carlos? ¿Navegará? ¿Jugará en la arena? Túrnate con tus compañeros para hacer oraciones sobre Carlos en la playa. Cada oración debe tener la palabra *y, pero* u *o.*

Las palabras de enlace, como *y, o* y *pero* se denominan **conjunciones**. Puedes usar conjunciones para formar sujetos, predicados y oraciones compuestas. La conjunción que uses dependerá de tu objetivo.

¡Fíjate!

A veces debes colocar una coma antes de la conjunción en una oración compuesta.

Usa la conjunción *y* para agregar información.	Sé nadar y bucear.
Usa la conjunción *o* para ofrecer opciones.	¿Sabe navegar o nadar?
Usa la conjunción *pero* para expresar contraste.	Yo sé nadar, pero no sé bucear.

Inténtalo

En voz alta Elige la conjunción más apropiada.

1. ¿Salimos ahora (pero, o) más tarde?
2. El viento es fuerte (o, y) las olas son grandes.
3. Podríamos hundirnos (pero, o) helarnos en estas condiciones.
4. Navegar es un placer, (pero, y) no cuando hace mal tiempo.
5. Podríamos hacer esquí acuático, (pero, y) el mar está revuelto.
6. Tú (y, pero) yo deberíamos jugar baloncesto en vez de navegar.

- Las palabras *y, o* y *pero* son conjunciones. Usa *y* para agregar información, *o* para ofrecer una opción, y *pero* para expresar un contraste.

Por tu cuenta

Escribe *y*, *o* o *pero* para completar cada oración.

Ejemplo: Ha mejorado el tiempo ______ podemos salir a navegar. *y*

7. Juan, Susana ______ yo podemos guiar el velero.
8. Ayúdanos a izar la vela ______ a levantar el ancla.
9. Traje la merienda, ______ me olvidé del jugo.
10. Podemos navegar a esa isla ______ detenernos ahora para nadar.
11. Juan ______ Susana quieren seguir.

12–18. Al siguiente boletín meteorológico le faltan siete conjunciones. Cópialo y agrega la conjunción más apropiada para cada oración.

Ejemplo: El cielo se despejará el lunes ______ brillará el sol.
El cielo se despejará el lunes y brillará el sol.

WTHR

Se pronostica granizo

El cielo está despejado, ______ va a cambiar. Tendremos vientos fuertes ______ baja visibilidad. Habrá lluvia, granizo ______ luego bruma. No nade ______ conduzca un vehículo. Cierre ventanas ______ puertas. Permanezca bajo techo ______ no se asome a las ventanas. El granizo puede ser del tamaño de una pelota de béisbol, ______ la tormenta será muy fuerte.

¡Ahora, a escribir!

ESCRIBIR • PENSAR • ESCUCHAR • HABLAR

DESCRIBIR

Escribe un boletín meteorológico

Piensa en un día en que el tiempo te pareció perfecto. Escribe un boletín meteorológico para ese día. Usa oraciones compuestas, y oraciones con sujetos y predicados compuestos. Túrnate con un compañero para leer en voz alta los boletines. ¿Son similares o diferentes sus ideas de lo que es un día perfecto?

Práctica adicional: página 51

9 Oraciones complejas

¿Qué palabras de la siguiente lista tienen sentido en la oración?

a menos que	antes de que	después de que	mientras
si	cuando	hasta que	porque

¿Llorará una serpiente bebé_______ le quites el cascabel?

- Las oraciones simples se pueden unir con las conjunciones *y, o, ni* o *pero* para formar una oración compuesta. Las oraciones simples también se pueden unir con otras conjunciones para formar una **oración compleja**.

Simple	Vi la serpiente. Se escapó.
Compuesta	Vi la serpiente, pero se escapó.
Compleja	Cuando vi la serpiente, ésta se escapó.

- Las palabras *y, o, ni* y *pero* son **conjunciones coordinativas**. Unen partes de la oración que son de igual importancia, por ejemplo, las partes de una oración compuesta. En cambio las partes de una oración compleja están unidas por **conjunciones subordinativas**. Las conjunciones subordinativas subordinan una parte de la oración a la otra, es decir, hacen que una parte sea menos importante que la otra.

Si la conjunción subordinativa comienza la oración, coloca una coma al final de la primera parte de la oración.

Conjunción coordinativa:	Vi la serpiente, pero se escapó.
Conjunción subordinativa:	Vi la serpiente antes de que se escapara.
Conjunción subordinativa:	Cuando vi la serpiente, ésta se escapó.

Conjunciones utilizadas en oraciones complejas			
a menos que antes que aunque	como cuando desde que	después que hasta que mientras que	porque si siempre que

Inténtalo

En voz alta ¿Son simples, compuestas o complejas estas oraciones? Si la oración es compuesta, ¿cuál es la conjunción coordinativa? Si es compleja, ¿cuál es la conjunción subordinativa?

1. Antes de juzgar a las serpientes, considera la vida lenta, silenciosa y aislada que llevan.
2. Las serpientes no tienen patas, pero se deslizan rápidamente.
3. Las serpientes no pueden deslizarse sobre el vidrio porque es una superficie demasiado lisa.
4. Su número disminuye a medida que se construyen más casas.
5. Aunque no todas las serpientes son peligrosas, les tenemos miedo.
6. Ciertas mordeduras de serpiente deben atenderse de inmediato, o la persona puede morir.
7. Las serpientes son criaturas solitarias e incluso cazan solas.
8. Si ves una serpiente, no la molestes.

- Una **oración compleja** está formada por dos oraciones simples unidas por una **conjunción subordinativa**.

Por tu cuenta

Escribe *simple, compuesta* o *compleja* para cada oración. Si la oración es compuesta o compleja, escribe la conjunción.

Ejemplo: Si ves una serpiente pitón, la reconocerás. *compleja* *Si*

9. Las serpientes pitón dan miedo porque son muy grandes.
10. Aunque algunas serpientes pitón sólo miden tres pies de largo, otras pueden crecer hasta treinta pies.
11. Las serpientes pitón pueden nadar y trepar con facilidad en su ambiente tropical.
12. Aunque las serpientes pitón no muerden, son muy peligrosas.
13. La serpiente pitón tiene un abrazo mortal, pero es muy hermosa.

continúa ▶

Por tu cuenta continuación

14. Quizás admires el color de la serpiente pitón o su tamaño.
15. Estas serpientes pueden carecer de color por un tiempo, hasta que mudan de piel.
16. La piel de estas serpientes es dura, y su cuerpo es fuerte.

17–27. Copia las 11 oraciones de este texto e indica si son simples, compuestas o complejas. Subraya las conjunciones.

Ejemplo: No debes asustarte si ves una serpiente.
No debes asustarte si ves una serpiente. *compleja*

Serpientes útiles

Muchas personas detestan a las serpientes, pero en realidad deberían admirarlas. Cuando los seres humanos se establecen en un lugar, las serpientes se van. Sin embargo, las serpientes son útiles. Se alimentan de ratas, ratones y otros roedores. Cuando disminuye el número de serpientes, aumenta el número de roedores.

Aunque a veces nos dan miedo, son débiles en muchos sentidos. No tienen oídos y no tienen voz. Además, la temperatura de su cuerpo depende de la temperatura del aire. No pueden moverse hasta que el aire cálido les calienta el cuerpo.

Respetaríamos más a las serpientes si supiéramos más sobre ellas. Si no nos informamos mejor sobre estos animales, algunas especies pueden desaparecer para siempre.

¡Ahora, a escribir!

ESCRIBIR • PENSAR • ESCUCHAR • HABLAR

EXPRESAR

Escribe un discurso

¿Qué opinas de las serpientes, lombrices, insectos y otros animales similares? ¿Les tienes miedo? ¿Te interesan? ¿Quieres protegerlos? Escribe un discurso sobre alguno. Recuerda que debes escribir razones convincentes para respaldar tus opiniones. Escribe oraciones simples, compuestas y complejas. Léele tu discurso a un grupo pequeño. ¿Algunos están de acuerdo contigo?

Práctica adicional: página 52

Cómo escribir buenas oraciones

Combinar oraciones: Oraciones compuestas Puedes variar el largo de las oraciones en tus escritos, combinando dos oraciones cortas para formar una oración compuesta. Une las oraciones simples con cojuciones como *y, pero* u *o.* A veces hace falta una coma también.

Una serpiente requiere cuidados especiales. Puedes aprender a mantenerla sana.	Una serpiente requiere cuidados especiales, pero puedes aprender a mantenerla sana.

Aplícalo

1–4. Revisa los siguientes consejos de un sitio Web. Combina cada par de oraciones subrayadas para formar una oración compuesta. Elige la conjunción (*y, pero* u *o*) que exprese tu intención.

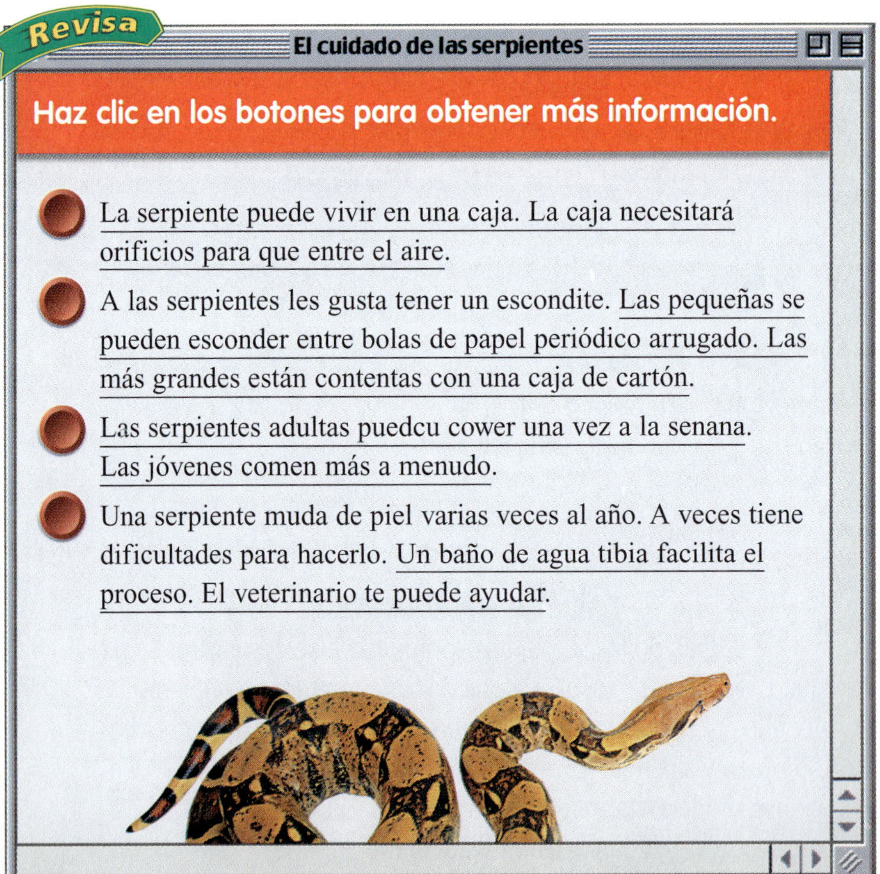

Combinar oraciones: Oraciones complejas Una oración compleja está formada por dos partes principales que no son de igual importancia. Una parte apoya o está subordinada a la otra. Puedes combinar dos oraciones simples para formar una oración compleja. Usa una conjunción subordinativa, como *después*, *como* o *porque*, para mostrar la relación que existe entre las partes. Si la conjunción subordinativa comienza la oración, separa las dos partes por medio de una coma.

Algunas mordeduras de serpiente son mortales para los seres humanos. Debemos tener cuidado con las serpientes.	Debemos tener cuidado con las serpientes porque algunas mordeduras de serpiente son mortales para los seres humanos. Como algunas mordeduras de serpiente son mortales para los seres humanos, debemos tener cuidado con ellas.

Aplícalo

5–8. Lee este informe de una investigación. Combina las oraciones subrayadas para formar oraciones complejas. Elige una conjunción subordinativa (*después*, *porque*, *como* o *hasta*) para expresar tu intención.

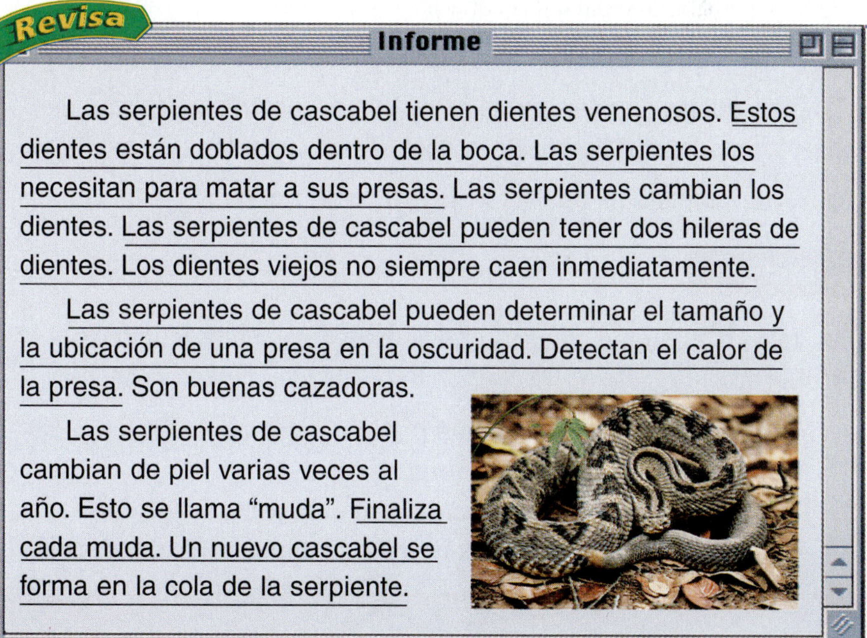
Revisa

Informe

Las serpientes de cascabel tienen dientes venenosos. Estos dientes están doblados dentro de la boca. Las serpientes los necesitan para matar a sus presas. Las serpientes cambian los dientes. Las serpientes de cascabel pueden tener dos hileras de dientes. Los dientes viejos no siempre caen inmediatamente.

Las serpientes de cascabel pueden determinar el tamaño y la ubicación de una presa en la oscuridad. Detectan el calor de la presa. Son buenas cazadoras.

Las serpientes de cascabel cambian de piel varias veces al año. Esto se llama “muda”. Finaliza cada muda. Un nuevo cascabel se forma en la cola de la serpiente.

Uso / Estilo

10 Fragmentos y uniones incorrectas

Para comenzar

¿Son oraciones estos grupos de palabras? ¿Cómo puedes modificarlos para formar oraciones correctas?

Diego escribió un cuento. Sobre un lápiz sin punta.
Diego es como el lápiz no escribe bien.

- Sabes que una oración tiene sujeto y predicado. A un **fragmento de oración** le faltan estos componentes. Un fragmento no expresa una idea completa. Para corregirlo, puedes unirlo a una oración o agregarle lo que falta.

  Incorrecto: Quiero hablarte. Sobre un empleo.

  Correcto: Quiero hablarte sobre un empleo.

¡Fíjate!

No confundas un fragmento de oración con una oración con el sujeto implícito.

- Una **unión incorrecta** consiste en dos o más oraciones unidas sin conjunciones y sin puntuación.

  Incorrecto: Mi tío es escritor mi tía también.

- Puedes corregirla separando cada idea en oraciones separadas.

  Correcto: Mi tío es escritor. Mi tía también es escritora.

- También puedes unir las partes de una unión incorrecta y formar un sujeto o predicado compuesto, o una oración compuesta o compleja.

  Correcto: Mi tío y mi tía son escritores.

Inténtalo

En voz alta ¿Cómo puedes corregir estos fragmentos y uniones incorrectas?

1. Mi padre es mecánico. En una pista de carreras.
2. Agitando el banderín de cuadros.
3. Tengo un empleo diferente cada verano es muy divertido.
4. Alberto paseó tres perros las correas se enredaron se tropezó.

- Un **fragmento de oración** es un grupo de palabras sin sujeto, sin predicado o sin ambos.
- Una **unión incorrecta** consiste en dos o más oraciones unidas sin conjunciones o puntuación.

Por tu cuenta

Corrige los siguientes fragmentos y uniones incorrectas.

Ejemplo: Ayer fue un día emocionante mi clase visitó una universidad aprendimos cosas muy interesantes.
Ayer fue un día emocionante. Mi clase visitó una universidad y aprendimos cosas muy interesantes.

5. Todos fuimos yo me senté al lado de Susana en el autobús.
6. El autobús estaba lleno. De estudiantes.
7. Un profesor nos llevó al salón de actos personas de diferentes profesiones hablaron con nosotros fue fascinante.
8. Todos escuchamos con interés. A los conferencistas.
9. Susana disfrutó de la charla del ingeniero a mí me interesó la conferencia que dio el abogado.
10. Me gustaría estudiar leyes. En la universidad.
11. El próximo mes iremos a un hospital hablaremos con un doctor.
12. Mi papá estudió medicina. Mi hermano también.
13. La visita será muy interesante aprenderemos muchas cosas.

¡Ahora, a escribir!

ESCRIBIR • PENSAR • ESCUCHAR • HABLAR

EXPLICAR

Escribe una carta

Escribe la primera parte de una carta al consejero de orientación profesional de tu escuela. Describe las carreras que estás considerando y explica el motivo de tu interés en una de ellas. Trabaja con un compañero para asegurarte de que las cartas no contengan fragmentos o uniones incorrectas.

Prueba: Unidad 1

1 **Tipos de oraciones** *(pág. 10)* Copia cada oración y agrega la puntuación correcta. ¿Qué tipo de oración es?

1. Cuándo llegó el circo a nuestra ciudad
2. Un circo pequeño nos visitó en junio
3. Qué grandiosa era la carpa
4. Nuestros asientos estaban cerca de la pista central
5. Ve al circo la semana que viene

2 **Sujetos y predicados completos** *(pág. 13)* Copia estas oraciones. Traza una línea entre el sujeto completo y el predicado completo.

6. Mi mejor amiga colecciona carteles.
7. Su enorme colección tiene veinte carteles de caballos.
8. Un cartel cuelga sobre su puerta.
9. Los carteles cubren las paredes de su dormitorio.
10. Un amigo de Texas le dio un enorme cartel de una puesta de sol.

3 **Núcleo del sujeto y del predicado** *(pág. 16)* Copia estas oraciones. Subraya el núcleo del sujeto una vez y el núcleo del predicado dos veces.

11. Manuel Herrera ha estado leyendo un folleto turístico.
12. Manuel ha descubierto Jamaica.
13. Jamaica es conocida como la "isla arbolada".
14. El primo de Manuel navegó en una balsa de bambú.
15. Las tiendas atraen a muchos turistas.

4 **Sujeto implícito** *(pág. 19)* Escribe el núcleo del sujeto de cada oración. Si es implícito, indícalo.

16. No llegues tarde a la clase.
17. ¿Anotaste la tarea de mañana?
18. Mi maestra me revisó el cuaderno.
19. Pedí permiso para salir.
20. Olvidó su mochila.

5 **Sujeto compuesto** *(pág. 22)* Escribe el sujeto compuesto y la conjunción que une los núcleos del sujeto.

21. ¿Arreglará la bicicleta Francisca o José?
22. El hermano y la prima de José prepararon un diseño nuevo.
23. La pintura anaranjada o unos reflectores brillarán en la oscuridad.
24. Los espejos y las bocinas se agregarán más adelante.
25. Miguel, Patricia y Carlos pintarán la bicicleta.

6 **Predicado compuesto** *(pág. 25)* Escribe el predicado compuesto y la conjunción que une los núcleos del predicado.

26. El fuerte viento silbaba, bramaba y rugía.
27. El capitán podía ordenar que se bajaran las velas o dejarlas izadas.
28. Las olas se hinchaban y caían.
29. Todos los marineros obedecían y confiaban en el capitán.
30. El barco dejó atrás las nubes y escapó de la tormenta.

7 **Oraciones compuestas** *(pág. 30)* Copia estas oraciones e indica si son *simples* o *compuestas.* En las oraciones compuestas, subraya las oraciones simples que las componen.

31. Autobuses y aviones traen a los turistas a la ciudad de Washington.
32. Llegó la primavera, y pronto estará aquí el verano.
33. Veo cerezos y puedo oler sus dulces flores.
34. El Capitolio está abierto los sábados, pero el FBI está cerrado.
35. Washington es un símbolo de la historia y el patrimonio de la nación.

8 **Conjunciones** *(pág. 33)* Escribe la conjunción (entre paréntesis) que encaje mejor en cada oración.

36. París (y, pero) Londres son capitales.
37. ¿Es mejor visitar Londres (y, o) París?
38. Puedes hablar inglés en las dos ciudades, (o, pero) es más divertido hablar francés cuando estás en París.
39. El río Sena pasa por París (y, o) el río Támesis atraviesa Londres.
40. Toma un transbordador o un avión de Francia a Inglaterra, (y, o) viaja en auto por un túnel submarino.

9 **Oraciones complejas** *(pág. 35)* Indica si cada oración es *simple, compuesta* o *compleja.* Si es compuesta o compleja, escribe la conjunción.

41. La radio y la televisión ofrecen muchas oportunidades de trabajo.
42. Si te interesa una carrera en la televisión, primero evalúa tus talentos.
43. Antes de elegir una carrera, haz una lista de las asignaturas en las que sacas mejores notas.
44. Debes estudiar libros, revistas y periódicos sobre el tema, pero hablar con otros también es un recurso valioso.
45. Habla con alguien que trabaje en la radio y visita una estación local.

10 **Fragmentos y uniones incorrectas** *(pág. 40)* Indica si cada grupo de palabras es *oración, fragmento* o *unión incorrecta.* Si es fragmento o unión incorrecta, escribe oraciones correctas.

46. Cargamos el camión de mudanzas.
47. La semana pasada fue emocionante el lunes nos mudamos.
48. Papá colocó las cajas cuidadosamente una encima de la otra.
49. Primero los colchones o los muebles más grandes y pesados.
50. Luego colocó los artículos más pequeños todo estaba bien organizado.
51. Marcadores, cinta adhesiva, periódicos y material de embalaje.
52. Nuestro jardín estaba lleno de gente había autos por todas partes.
53. Nuestros amigos pintarán luego nosotros colocaremos la alfombra.

Repaso mixto 54–63. Esta sección de un cuento corto tiene seis errores de puntuación, una conjunción incorrecta, dos fragmentos y una unión incorrecta. Escribe correctamente el cuento.

Lista de control: Corregir

Comprueba:
- ✔ la puntuación
- ✔ las conjunciones utilizadas
- ✔ que no haya fragmentos o uniones incorrectas

Corrige

¿Está viva?

Juan estaba sentado frente a la computadora miraba la pantalla. ¿Qué occuría ¿Estarían sus ojos gastándole una broma ¿Estaría su hermana gastándole una broma? Se frotó los ojos y volvió a mirar la pantalla Nada había cambiado.

Tenía que hacer algo, o no sabía qué. El padre de Juan podría ayudarlo, pero estaba de viaje. Por el Canadá. Su madre tampoco estaba en casa. ¿Qué ridículo era todo esto?

No tenía por qué tener miedo de su computadora sólo porque le estaba enviando mensajes extraños. Respiró profundamente y colocó sus manos. Sobre el teclado.

Examen de práctica

Escribe los números 1–2 en una hoja de papel. Lee el pasaje y busca las partes subrayadas y numeradas. Estas partes pueden ser:

- **oraciones incompletas**
- **uniones incorrectas**
- **oraciones correctas que se deben combinar**
- **oraciones correctas que no requieren ningún cambio**

Escoge la mejor manera de escribir cada parte subrayada y escribe la letra de la respuesta. Si no hace falta ninguna corrección, escribe la letra de "Oraciones correctas".

¡El pasatiempo preferido de Adela! Es hacer muñecas con imanes para el refrigerador de su casa. (1) El trabajo es sencillo porque usa pequeñas figuras recortadas de madera. Su mamá pinta las muñecas Adela les pega el cabello de estambre. (2) Después pegan el imán en la parte de atrás, y ¡listas!

1 **A** El pasatiempo preferido de Adela es, hacer muñecas con imanes para el refrigerador de su casa.

B ¡El pasatiempo preferido de Adela! ¡Es hacer muñecas con imanes para el refrigerador de su casa!

C El pasatiempo preferido de Adela es hacer muñecas con imanes para el refrigerador de su casa.

D Oraciones correctas

2 **F** Su mamá pinta las muñecas, y Adela les pega el cabello de estambre.

G Su mamá, pinta las muñecas. Adela, les pega el cabello de estambre.

H Su mamá pinta, Adela les pega el cabello de estambre a las muñecas.

J Oraciones correctas

continúa ▶

Examen de práctica *continuación*

Ahora escribe los números 3–4 en tu hoja. Lee el pasaje y busca las partes subrayadas y numeradas. Estas partes pueden ser:

- **oraciones incompletas**
- **uniones incorrectas**
- **oraciones correctas que se deben combinar**
- **oraciones correctas que no requieren ningún cambio**

Escoge la mejor manera de escribir cada parte subrayada y escribe la letra de la respuesta. Si no hace falta ninguna corrección, escribe la letra de "Oraciones correctas".

Lourdes no tiene mucho tiempo libre aun así halla el tiempo para tocar el violín. (3) Y a pesar de que lleva poco tiempo estudiando, avanza rápidamente. Un día se le ocurrió que le gustaría tocar. Tocar en una gran orquesta. (4) Ella sabe que si continúa practicando constantemente, se esfuerza mucho, tiene paciencia y no se da por vencida, algún día realizará su sueño.

3 **A** Lourdes no tiene mucho tiempo libre, o aun así halla el tiempo para tocar el violín.

B Lourdes no tiene mucho tiempo libre, pero aun así halla el tiempo para tocar el violín.

C Lourdes no tiene mucho tiempo libre, aun así halla el tiempo para tocar el violín.

D Oraciones correctas

4 **F** Un día se le ocurrió que le gustaría tocar. En una gran orquesta.

G Un día se le ocurrió que le gustaría tocar, en una gran orquesta.

H Un día se le ocurrió que le gustaría tocar en una gran orquesta.

J Oraciones correctas

Ahora escribe los números 5–8 en tu hoja. Lee el pasaje y fíjate en cada oración subrayada. Decide si está correcta o, si no, qué tipo de error contiene. Escribe la letra de la respuesta correcta.

¡Qué divertido es acampar al aire libre! (5) Pero antes de salir es importante planear con anticipación. empaca y acomoda (6) las cosas con cuidado. También hay que llevar hielo suficiente en la hielera para conservar los alimentos y bebidas? (7) Por último, recuerda llevar ropa abrigadora y un impermeable para que el clima no te enfríe la diversión. (8)

5 **A** Ortografía
B Uso de mayúsculas
C Puntuación
D Oración correcta

6 **F** Ortografía
G Uso de mayúsculas
H Puntuación
J Oración correcta

7 **A** Ortografía
B Uso de mayúsculas
C Puntuación
D Oración correcta

8 **F** Ortografía
G Uso de mayúsculas
H Puntuación
J Oración correcta

(págs. 10–12)

1 Tipos de oraciones

Recuerda

- Una **oración enunciativa** hace una declaración.
- Una **oración interrogativa** hace una pregunta.
- Una **oración imperativa** da un mandato o pide algo.
- Una **oración exclamativa** expresa emoción o un sentimiento fuerte.

Copia estas oraciones. Agrega la puntuación correcta e indica si cada oración es *enunciativa*, *interrogativa*, *imperativa* o *exclamativa*.

Ejemplo: Mira esos caballos *Mira esos caballos.* *imperativa*

1. Son caballos de tiro
2. Mira cómo tiran de los pesados arados
3. Por qué no usa un tractor el granjero
4. Los tractores y la gasolina son caros
5. Cuánto cuesta un tractor
6. Qué hermosos son esos caballos grandes

(págs. 13–15)

2 Sujetos y predicados completos

Recuerda

- El **sujeto** nos dice de quién o de qué habla la oración. El **predicado** nos dice qué hace, qué es, qué tiene o qué siente el sujeto.
- El **sujeto completo** consiste en todas las palabras del sujeto.
- El **predicado completo** consiste en todas las palabras del predicado.

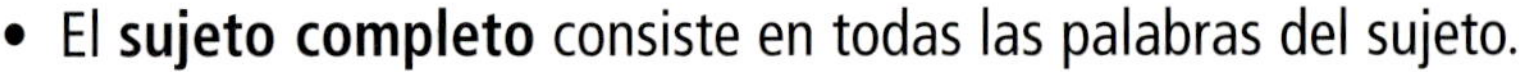

Copia estas oraciones. Traza una línea entre el sujeto completo y el predicado completo de cada una.

Ejemplo: Muchos juegan dominó.
Muchos | juegan dominó.

1. El juego de dominó es muy antiguo.
2. Los primeros pobladores del país jugaban dominó.
3. Mi hermano pequeño hace serpientes con las fichas.
4. Las fichas se paran sobre sus bordes.
5. Un buen empujón tumba todas las fichas.

(págs. 16–18)

3 Núcleo del sujeto y del predicado

- El **núcleo del sujeto** son las palabras principales del sujeto completo. Es un sustantivo o un pronombre.
- El **núcleo del predicado** son las palabras principales (una o más) del predicado completo. Es un verbo o una frase verbal.

Escribe el núcleo del sujeto y el núcleo del predicado de cada oración. Subraya el núcleo del sujeto.

Ejemplo: La señorita Paz ha enseñado arte durante tres años.
señorita Paz *ha enseñado*

1. La señorita Paz ha estado ayudando a mi clase.
2. Toda la clase presentó una obra de teatro.
3. La obra de teatro de la clase necesitaba efectos de sonido.
4. La maestra de arte había llenado una lata con sujetapapeles.
5. Un niño de la banda sacudió la lata.
6. El ruido de un tren llenó la sala.

(págs. 19–21)

4 Sujeto implícito

- Una oración tiene **sujeto implícito** cuando el sujeto no aparece en la oración, pero se da por entendido por la forma verbal y por el contexto.
- Las oraciones imperativas a menudo tienen sujeto implícito.

Escribe el núcleo del sujeto de cada oración. Si el sujeto es implícito, indícalo.

Ejemplo: Dame mi reloj. *tú implícito*

1. Está en el buró.
2. Tiene una cadena de metal.
3. ¿Dónde tiene los números?
4. Tráelo acá.
5. ¿Tendré tiempo de comer antes de la clase de gimnasia?
6. Date prisa, son más de las cuatro.
7. ¿Te dejarán salir temprano para ir al dentista?

(págs. 22–24)

5 Sujeto compuesto

- El **sujeto compuesto** contiene dos o más núcleos unidos por una conjunción, como *y* u *o*.

Escribe los núcleos del sujeto compuesto de cada oración. Luego, escribe la conjunción que une los núcleos.

Ejemplo: Los museos y las galerías exhiben artesanías.
museos galerías conjunción: y

1. Los hopi y los navajos hacen joyas de plata.
2. ¿Se han encontrado en México objetos de alfarería o esculturas?
3. Adornos y delicados objetos de metal vienen del Perú.
4. Los platos y los utensilios están hechos con cuidado.
5. Colores, formas y figuras decoran los objetos.
6. Arqueólogos y artistas se interesan en estas cosas.

(págs. 25–27)

6 Predicado compuesto

- El **predicado compuesto** contiene dos o más núcleos unidos por una conjunción, como *y* u *o*.

Escribe los núcleos del predicado compuesto de cada oración. Luego, escribe la conjunción que une los núcleos.

Ejemplo: Este museo exhibe y vende relojes.
exhibe vende conjunción: y

1. Luis entró y miró por todos lados.
2. Muchos relojes colgaban de las paredes o estaban en el suelo.
3. Los relojes sonaban y hacían tictac al tiempo.
4. Los relojes soltaban pajaritos o hacían sonar campanas.
5. Luis encontró un reloj de arena y lo examinó con cuidado.
6. Quería comprar el reloj y regalárselo a su mamá.

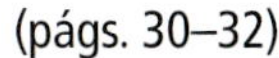

7 Oraciones compuestas

- Una **oración compuesta** está formada por dos oraciones simples. Las oraciones simples están unidas por una conjunción como, *y, o*, *pero* a veces también hace falta una coma.

Indica si cada oración es *compuesta* o *simple*. Recuerda que una oración simple puede tener un sujeto o un predicado compuesto.

Ejemplo: El idioma chino es diferente del japonés, pero la escritura es similar. *compuesta*

1. El chino y el japonés se escriben de derecha a izquierda.
2. Los japoneses hablan diferentes variedades de su idioma, pero la mayoría se entiende entre sí.
3. Hay nueve variedades de chino, pero todas son diferentes.
4. La escritura china más antigua y sencilla data del año 2000 a. C.
5. ¿Es más difícil leer chino, o es más difícil leer inglés?

(págs. 33–34)

8 Conjunciones

- Las palabras de enlace como *y, o* y *pero* se llaman **conjunciones**. Con *y* agregas información, con *o* das una opción, y con *pero* expresas contraste.

Copia estas oraciones y agrega las conjunciones *y, o* o *pero* para completar cada una.

Ejemplo: Mi hermano José ______ yo tenemos un velero. *y*

1. Una persona puede dirigir el barco, ______ dos pueden turnarse.
2. Hoy José ______ yo navegamos juntos.
3. Podemos navegar hasta una isla ______ quedarnos cerca de la costa.
4. A mí me gusta la isla, ______ José prefiere la costa.
5. Izamos las velas ______ navegamos hacia la isla.
6. Al principio soplaba un viento fuerte, ______ después se calmó.

Práctica adicional

(págs. 35–37)

9 Oraciones complejas

- Una **oración compleja** está formada por dos oraciones simples unidas por una **conjunción subordinativa**.

Indica si cada oración es *simple, compuesta* o *compleja.* Si es compuesta o compleja escribe la conjunción coordinativa o subordinativa.

Ejemplo: A menos que estés soñando, nunca verás un unicornio.
compleja *A menos que*

1. Aunque existen muchos cuentos sobre el unicornio, éste es sólo un animal imaginario.
2. Los primeros exploradores no tenían prismáticos ni cámaras.
3. Usaban su imaginación cuando veían un animal a gran distancia.
4. Se contaron muchas historias sobre el unicornio, y aún hoy podemos leerlas.

(págs. 40–41)

10 Fragmentos y uniones incorrectas

Recuerda

- Un **fragmento de oración** es un conjunto de palabras que no expresa una idea completa.
- Una **unión incorrecta** consiste en dos o más oraciones unidas sin conjunciones y sin puntuación.
- Los fragmentos y las uniones incorrectas pueden corregirse de diferentes maneras.

Indica si cada grupo de palabras es un *fragmento, unión incorrecta* o una *oración correcta.*

Ejemplo: Mi amigo y mi vecino. *fragmento*

1. María tiene patines yo también tengo patines.
2. Patinamos en el parque, tiene una pista de patinaje la pista de patinaje es gratis.
3. Vamos a patinar una hora los viernes al salir de la escuela.
4. A veces mi hermano mayor.

Dirigió su colorido aeroplano hacia el este, pasando sobre las montañas y los globos aerostáticos.

Unidad 2

Sustantivos

Gramática

1 ¿Qué es un sustantivo?

¿Qué palabras reales podrían sustituir a las palabras imaginarias que aparecen subrayadas?

Sytre, el gran uchet, estaba lleno de prul. Muy pronto, todos los habitantes de Folup sabrían que había inventado un bork.

- Un **sustantivo** es una palabra que nombra a una persona, un lugar, una cosa o una idea. Cuando un sustantivo nombra una idea, se refiere a algo que no se puede tocar, como *el tiempo, la amistad, la ira* o *el verano.*

persona — Tania; idea — historia; cosa — maquinaria; lugar — Estados Unidos

Tania leyó sobre la historia de la maquinaria agrícola en los Estados Unidos.

- Un sustantivo puede estar formado por más de una palabra.

Persona	niñera, Juana Pérez, doctor Herrera, presidente Lincoln
Lugar	recámara, escuela Colón, océano Pacífico, Nuevo México

Inténtalo

En voz alta Di si los siguientes sustantivos nombran una persona, un lugar, una cosa o una idea.

1. microscopio
2. emoción
3. México
4. científico
5. Thomas Edison
6. diversión
7. océano Índico
8. radio
9. lealtad
10. Houston
11. Guillermo López
12. memoria
13. escondite
14. helecho
15. vecino
16. decisión
17. monte Everest
18. bebé

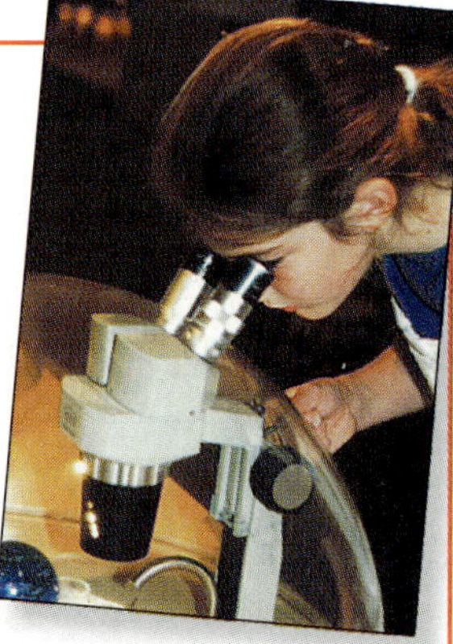

continúa ▶

Inténtalo continuación

¿Qué palabras de estas oraciones son sustantivos?

19. Los inventores tienen talentos muy particulares.
20. Los inventos ingeniosos pueden ahorrarnos tiempo.
21. Hace muchos años, se cazaba para conseguir alimento.
22. Un cazador inventó el arco y la flecha.
23. Las plantas cultivadas se convirtieron en una fuente de alimento.
24. Las familias construyeron aldeas e intercambiaron cosas.
25. Ahora podemos comprar alimentos en latas o en cajas.
26. Los inventores siempre están creando máquinas o motores nuevos.
27. Eli Whitney ayudó a los agricultores de los Estados Unidos.
28. Su máquina le quitaba las semillas al algodón.
29. La curiosidad de los inventores ha mejorado la vida diaria.

- Un **sustantivo** nombra a una persona, un lugar, una cosa o una idea.

Por tu cuenta

Escribe los sustantivos que aparecen en estas oraciones.

Ejemplo: Los gomeros crecen en América del Sur.
gomeros *América del Sur*

30. De la corteza brotan como lágrimas las gotas de goma.
31. Antes se usaba el líquido para hacer zapatos impermeables.
32. Los científicos modernos inventaron productos nuevos.
33. En Inglaterra, un químico creó un borrador a partir de la goma.
34. Las fábricas europeas hicieron mangueras e impermeables.
35. Los primeros artículos de goma no eran muy resistentes.
36. Charles Goodyear descubrió la solución a este problema.
37. La aparición del automóvil creó una nueva necesidad.
38. John Dunlop inventó una llanta llena de aire para los automóviles.
39. Estos inventos cambiaron el mundo.

continúa ▶

Inténtalo continuación

40–65. Este informe a la prensa tiene 26 sustantivos. Escríbelos.

Ejemplo: Este nuevo producto le gustará mucho a la gente.
producto *gente*

¡Hágase famoso con Nada!

A: Los diarios de Estados Unidos

La Compañía Manufacturera Loc-O tiene un importante anuncio. Nuestra empresa ha lanzado un nuevo e ingenioso producto al mercado. Zoila Lista, nuestra inventora más ingeniosa, le dio su nombre: Nada. Este sencillo y moderno aparato no hace ningún ruido ni realiza ningún trabajo. Nada simplemente llama la atención. Coloque Nada en el jardín o en la ventana. Con nuestro original invento, podrá conseguir nuevos amigos. Los transeúntes se detendrán con asombro. Los dueños se harán famosos en todo el vecindario.

¡Ahora, a escribir!

ESCRIBIR • PENSAR • ESCUCHAR • HABLAR

COMPARAR

Escribe un informe a la prensa

Piensa en algún producto que utilices a menudo, como una computadora, un reloj despertador o un bolígrafo. Escribe un informe a la prensa que anuncie este producto nuevo e increíble. ¿En qué se parece a otros productos que hay en el mercado? ¿Por qué es mejor? Forma un grupo pequeño y túrnate con tus compañeros para leer los informes que han escrito. Después, pídeles que nombren los sustantivos.

Práctica adicional: página 73

2 Sustantivos comunes y propios

Para comenzar

¿Qué palabras son sustantivos? ¿Por qué están con mayúscula?

> César Chávez Estrada nació el 31 de marzo de 1927 en una finca cerca de Yuma, Arizona. Cesáreo, el abuelo de Chávez, había sido un esclavo en un rancho.
>
> —tomado de *César Chávez*, de Consuelo Rodríguez

- Algunos sustantivos nombran a una persona, un lugar, una cosa o una idea en particular. Éstos se denominan **sustantivos propios**. Los sustantivos propios se escriben con mayúscula. Los que no nombran a una persona, un lugar, una cosa o una idea en particular se llaman **sustantivos comunes**.

Común:	ciudad	muchacha	océano	país
Propio:	Boston	Amalia	océano Índico	Argentina

- Si un sustantivo propio está formado por más de una palabra, generalmente sólo las palabras importantes comienzan con mayúscula.

Nueva Jersey	golfo de México	Estatua de la Libertad
mar Caribe	puerto de Acapulco	Puerto Vallarta

Inténtalo

En voz alta ¿Cuáles son los sustantivos de estas oraciones? ¿Qué tipo de sustantivo es cada uno: común o propio?

1. Edward White fue el primer estadounidense que caminó en el espacio.
2. El astronauta practicó en un cuarto cerrado durante varios días.
3. El astronauta White caminó en el espacio sobre California.
4. ¿Podía White ver el golfo de Santa Catalina?
5. El astronauta no quiso regresar inmediatamente a la nave espacial.

continúa ▶

Inténtalo continuación

6. El piloto lo convenció de que volviera.
7. La nave espacial realizó un vuelo alrededor de la Tierra antes de regresar.
8. En el océano Atlántico, los esperaba pacientemente un barco con su tripulación.
9. Mi tía Matilde, mi mamá y mi abuelo lo vieron todo por televisión.

¿Qué palabras van con mayúscula?

10. cabo corrientes
11. río nilo
12. baltimore
13. hilda medina
14. nueva zelanda
15. día de la independencia

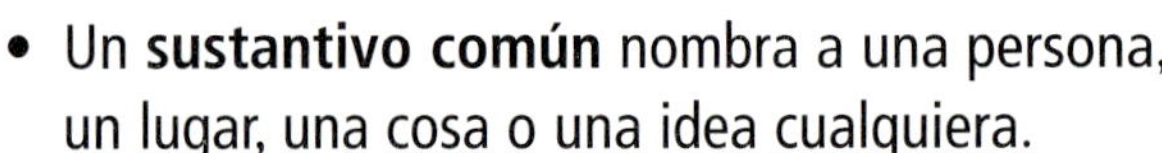

- Un **sustantivo común** nombra a una persona, un lugar, una cosa o una idea cualquiera.
- Un **sustantivo propio** nombra a una persona, un lugar, una cosa o una idea en particular.
- Los sustantivos propios siempre comienzan con mayúscula.

Por tu cuenta

Escribe correctamente los sustantivos propios de cada par.

Ejemplo: egipto—país *Egipto*

16. san francisco—ciudad
17. río ohio—río
18. isla—isla de cuba
19. gobernador—pedro contreras
20. palacio de gobierno—edificio
21. maestra—señorita gonzález
22. atleta—jackie robinson
23. república dominicana—país
24. marte—planeta
25. día de la independencia—día
26. estado—wyoming
27. casa blanca—edificio
28. continente—áfrica
29. gabriela mistral—poetisa
30. bahía de cartagena—bahía
31. monte—monte everest

continúa 

Por tu cuenta continuación

32–42. Esta crítica de una película tiene 11 errores en el uso de las mayúsculas. Escríbela correctamente.

Ejemplo: El papel de la Capitana es interpretado por elvira chávez.
El papel de la Capitana es interpretado por Elvira Chávez.

Crítica a oscuras

Serenata espacial muy bien tocada

La Película *Serenata espacial* se estrenó anoche en el cine reforma. La acción se desarrolla en una nave espacial con rumbo a marte. En la nave hay seis tripulantes y dos robots llamados Paulie y sally. La nave parece tan grande como el océano pacífico. Alguien dice que echa de menos las celebraciones del 4 de Julio en Nueva inglaterra y Paulie comienza a cantar una Canción nostálgica. La tripulación la acompaña. Lo que comenzó siendo una típica Película del espacio se convierte en una comedia Musical. Los bailes y las canciones se hacen cada vez más movidos a medida que la nave avanza por el Espacio. Mientras tanto, la gente de hollywood también debe estar bailando, porque esta película es un éxito. ¡Vaya bailando al cine Reforma para verla!

¡Ahora, a escribir!

ESCRIBIR • PENSAR • ESCUCHAR • HABLAR

EVALUAR

Escribe una crítica

¿Qué película, programa de televisión u obra has visto recientemente? ¿Te gustó? ¿Por qué? Escribe una crítica. Explica las razones en las que basas tu opinión. Incluye algunos sustantivos propios. Después, léesela a un compañero. ¿Lo convence tu crítica? Con su ayuda, comprueba que hayas comenzado con mayúscula todos los sustantivos propios.

Escribir con sustantivos

Ampliar con aposiciones Recuerda que una aposición es una palabra o un grupo de palabras que sigue a un sustantivo y lo explica. Las aposiciones generalmente van entre comas.

Añádele una aposición a una oración cuando quieras ampliar o aclarar el sentido de una palabra. Una aposición ayuda al lector a visualizar, oír, saborear, oler o sentir lo que sucedió.

1. Compré un turrón en el parque.
2. Compré un turrón, un dulce crujiente de almendras, en el parque.

Aplícalo

1–5. Revisa este anuncio. Añade 5 aposiciones para ampliar o dar más información sobre los sustantivos.

Revisa

¡Venga al parque de diversiones "Aventuras"! Queremos agradecer su apoyo. Los visitantes recibirán un regalo especial al llegar.

Una de las diversiones será gratis todo el día. Otras tres estarán a mitad de precio. El "Caballo volador" ha sido restaurado para la ocasión. Un artista famoso pintó de nuevo los caballos.

Habrá un concierto por la mañana bajo el "Gran toldo". Las "Águilas voladoras" ejecutarán un número por la tarde, ¡sin red! Los fuegos artificiales iluminarán el cielo a las 9 de la noche.

¡No se pierda la diversión! ¡Nos vemos en el parque!

Combinar oraciones con aposiciones ¿Utilizas a veces un sustantivo en una oración y lo explicas en otra? Trata de combinar las oraciones con una aposición.

Carlos y Florencia escribieron chistes para el periódico. Carlos y Florencia son alumnos de mi escuela.	Carlos y Florencia, alumnos de mi escuela, escribieron chistes para el periódico.

Aplícalo

6–10. Combina con aposiciones los pares de oraciones subrayadas.

3 Masculinos y femeninos

¿Cuál es la diferencia entre los sustantivos subrayados de esta oración?

La leona puede ser más agresiva que el león.

- Todos los sustantivos tienen **género**, es decir, son masculinos o femeninos. A veces, el género del sustantivo corresponde al sexo de la persona o animal a que se refiere. En estos casos, el sustantivo tiene una forma masculina y una forma femenina.

niño/niña gato/gata Antonio/Antonia juez/jueza

- Hay sustantivos que tienen formas especiales en masculino y en femenino.

hombre/mujer padre/madre
toro/vaca actor/actriz

- Cuando el sustantivo se refiere a una cosa, un lugar o una idea, el género no tiene nada que ver con esa cosa, lugar o idea. En estos casos, la forma del sustantivo es invariable. Son masculinos los sustantivos que toman *el* o *los*; son femeninos los que toman *la* o *las*.

el pie (masc.) la mano (fem.) la ciudad (fem.) el tema (masc.)

- Algunos sustantivos pueden ser o masculinos o femeninos.

el/la sartén el/la mar el/la artista

Inténtalo

En voz alta ¿Cuál es el género de cada sustantivo subrayado?

1. A la princesa le encantaban los caballos.
2. Se pasaba el día paseando por los establos.
3. Las yeguas andaban sueltas en la pradera.
4. Los potros corrían detrás de ellas con regocijo.
5. Todos los animales aman la libertad.

- Todos los sustantivos tienen género, es decir, son masculinos o femeninos.
- Son masculinos los sustantivos que toman *el* o *los*; son femeninos los que toman *la* o *las*.

Por tu cuenta

Indica si cada sustantivo tiene forma masculina y femenina, o si es invariable. Si tiene forma masculina o femenina, da la forma que falta.

Ejemplo: caballo
masculino y femenino—yegua

6. rey
7. diagrama
8. doctor
9. señor
10. libertad
11. gallo
12. presidenta
13. lobo
14. amor
15. hijo
16. corazón
17. mapa

18–23. El siguiente artículo de enciclopedia contiene seis problemas con el género de los sustantivos. Escríbelo usando las formas correctas.

Ejemplo: Las cuadras de Diego Rivera tienen colores brillantes.
Los cuadros de Diego Rivera tienen colores brillantes.

Uno de las temas principales de los pinturos de Diego Rivera es la cultura y la historia de México. México es la país donde nació Rivera. Las murales pintadas por Rivera son famosos por todo el mundo. Muchos de sus murales tratan del revolución mexicano. La esposa de Diego también era pintor.

¡Ahora, a escribir!

ESCRIBIR • PENSAR • ESCUCHAR • HABLAR

CREAR

Escribe un cuento tonto

Busca un cuento infantil sencillo y cambia los géneros de todos los sustantivos que puedas. Enséñale tu cuento tonto a un compañero para que encuentre los cambios que hiciste.

Práctica adicional: página 74

Singular y plural

Cuenta este cuentito otra vez, cambiando al plural los sustantivos subrayados.

Una vez, un <u>zorro</u> dio un gran <u>brinco</u> y se subió a un <u>árbol</u>. Las hojas del árbol le hacían cosquilla y el <u>animal</u> se rio tanto que le entró tos.

- Ya sabes que todos los sustantivos tienen género, es decir, son masculinos o femeninos. Todos los sustantivos también tienen número, es decir, están en singular o en plural.
- Un **sustantivo singular** se refiere a una sola persona, cosa, lugar o idea. Un **sustantivo plural** se refiere a dos o más personas, cosas, lugares o ideas. Las reglas para la formación del plural de los sustantivos aparecen en el cuadro de abajo.

AYUDA ? **¡Fíjate!**

A veces tienes que añadirle acento a una palabra cuando la cambias de singular a plural, por ejemplo: *examen / exámenes*.

Formación de plural

Si el sustantivo termina en:	Se forma el plural:	Ejemplos:
vocal no acentuada	añadiendo ***-s***	zorro—zorros
consonante, excepto ***z***	añadiendo ***-es***	árbol—árboles
z	cambiando la ***z*** a ***c*** y añadiendo ***-es***	vez—veces luz—luces
s y la palabra es llana o esdrújula	dejando el sustantivo igual que en singular	martes—martes análisis—análisis
í acentuada	añadiendo ***-es***	bisturí—bisturíes
otras vocales acentuadas	casi siempre añadiendo ***-s***	sofá—sofás café—cafés dominó—dominós

Inténtalo

En voz alta De cada par de palabras entre paréntesis, escoge la forma plural correcta.

1. Mi perra Popi ha tenido perritos muchas (vezes, veces).
2. Los perritos duermen en los (sofás, sofases) de la sala.
3. A mis (papases, papás) no les gusta.
4. Todos los (martes, marteces) miro un programa en la televisión.
5. Cuando miro televisión, los perritos se echan sobre mis (pieses, pies).

- Todos los sustantivos tienen número: singular o plural. Un **sustantivo singular** se refiere a una sola persona, cosa, lugar o idea. Un **sustantivo plural** se refiere a dos o más personas, cosas, lugares o ideas.
- Las reglas para la formación del plural varían según la terminación de la forma singular del sustantivo.

Por tu cuenta

Escribe *singular, plural* o *singular y plural* para describir cada sustantivo.

Ejemplo: miércoles *singular y plural*

6. cafés
7. jueves
8. espíritu
9. barriles
10. compás
11. reyes
12. mujeres
13. clubes

Escribe el plural de las siguientes palabras.

Ejemplo: compás *compases*

14. luz
15. ley
16. virtud
17. sofá
18. tribu
19. colibrí
20. héroe
21. mamá

continúa ▶

Por tu cuenta continuación

Escribe el singular de las siguientes palabras.

Ejemplo: árboles *árbol*

22. cruces
23. lunes
24. domingos
25. limones
26. peces
27. caracteres
28. toses
29. coquíes

30–35. Este cuento tiene seis plurales incorrectos. Encuéntralos y corrígelos.

Ejemplo: Las frutas maduras se veían como luzes.
Las frutas maduras se veían como luces.

Mis amigos los árboles

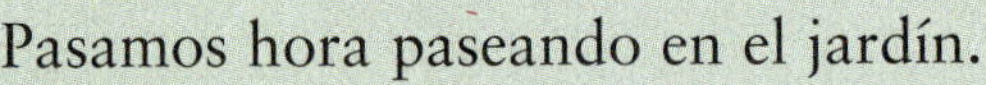

Pasamos hora paseando en el jardín.

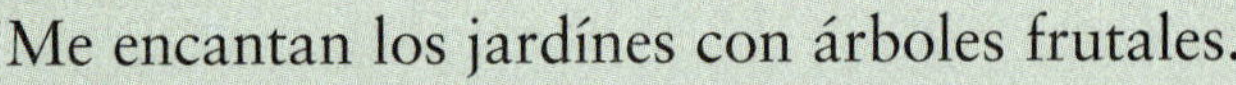

Me encantan los jardínes con árboles frutales.

Los meses de verano son los mejors.

Todos los jueveses, vengo a trabajar
a este jardín.

No hay nada como las peras, los limónes y
uvas acabaditas de arrancar.

Estos árboles nos darán placer muchas vezes.

¡Ahora, a escribir!

ESCRIBIR • PENSAR • ESCUCHAR • HABLAR

CREAR

Escribe un poema

Puede tratar de árboles y jardines, o de cualquier otro tema. Usa por lo menos cinco sustantivos en plural. Si quieres, haz que tu poema rime, pero no es necesario. Luego léele tu poema a un grupo de compañeros y escucha los suyos. Hagan una lista con las palabras en plural que usaron.

Práctica adicional: página 74

Prueba: Unidad 2

1 ¿Qué es un sustantivo? *(pág. 54)* Escribe los sustantivos de cada una de estas oraciones.

1. Este restaurante pertenece a Sergio Novo y a su familia.
2. Sergio trabaja como mesero en el verano y los días feriados.
3. Las camisetas de los empleados tienen franjas verdes.
4. El doctor Jiménez a menudo come atún o requesón en el almuerzo.
5. Se han formado muchos grupos de amigos en este restaurante.
6. Muy pronto, Sergio abrirá su propio negocio.
7. Está ahorrando todo el dinero que puede.
8. Quiere alquilar un local en la ciudad.
9. Ya compró los muebles y la vajilla.

2 Sustantivos comunes y propios *(pág. 57)* Escribe cada sustantivo. Subraya los sustantivos comunes una vez y los propios dos veces.

10. Linda Chu y su familia viven en Fort Wayne, Indiana.
11. Los fines de semana, Linda y su mamá van a pescar al lago Michigan.
12. La señora Chu ata el anzuelo a la caña de pescar.
13. Muchas personas pescan truchas, salmones y percas en el lago.
14. En julio y agosto, Alejandro Hernández vende equipo para pescar.
15. Alejandro es famoso en la zona por sus conocimientos sobre peces.
16. Los turistas le preguntan dónde pueden atrapar más peces.
17. Dora, la esposa de Alejandro, ayuda con el negocio.
18. Ella atiende la caja registradora.

3 Masculinos y femeninos *(pág. 62)* Escribe estas oraciones y cambia de género los sustantivos subrayados.

19. El maestro nos enseñó una canción ecologista.
20. Me gustaría ser bailarina cuando sea grande.
21. Le regalaron una muñeca gigante.
22. La actriz de esa película es muy buena.
23. La jueza del concurso le dio el primer premio.
24. Es un cantante muy famoso.
25. El doctor dijo que había que vacunar al niño.
26. Todas las gallinas salieron al patio.
27. Es la mejor artista de cine que conozco.
28. No hay mujer más patriota que ella.
29. La condesa se enojó con la duquesa.
30. Mi jefe me exige mucho.

Singular y plural *(pág. 64)* Cambia las palabras que estén en singular por plural y las que estén en plural por singular.

31. papel
32. jazmín
33. jóvenes
34. rubíes
35. pez
36. leyes
37. llave
38. líderes
39. sábados
40. sofá
41. libertad
42. tos
43. abad
44. matices
45. árboles
46. margen
47. tesis
48. tribus
49. espíritu
50. lomo
51. reloj
52. faroles
53. anís
54. cárcel
55. álbum
56. bueyes
57. intereses

Repaso mixto **58–68.** Esta sección de un artículo contiene tres errores relacionados con sustantivos comunes y propios, dos errores relacionados con sustantivos masculinos y femeninos y seis errores relacionados con sustantivos en singular y plural. Escribe correctamente el artículo.

Lista de control: Corregir

Comprueba:

- ✔ los sustantivos propios
- ✔ los sustantivos plurales
- ✔ los femeninos y masculinos

Florece el jardín

Toño Gómez se para en su jardín de Middlebury y sonríe. Generalmente, la Primavera llega tarde a vermont, pero este año parece ser diferente. Es tan sólo el mes de junio. Sin embargo, hace varios días que el aire ha estado cálido, y ya comienzan a abrirse las hojas de los árbols. Como muchos propietarias de casas con jardín, Toño está pensando en los arbusto, las azucenas y los tomate.

Pero el jardín de Toño es diferente al de otras personas. Toño tiene un talento especial para la jardinería. Los fines de semanas, las familia vienen a vezes a admirar su trabajo. Incluso los bebés y los niñas disfrutan del frondoso y colorido jardín. A toño no le molestan los visitantes. Sólo le molestan los ciervos y los ratones que pueden dañar sus plantas.

Examen de práctica

Escribe los números 1–2 en una hoja de papel. Lee el pasaje y busca las partes subrayadas y numeradas. Estas partes pueden ser:

- **oraciones incompletas**
- **uniones incorrectas**
- **oraciones correctas que se deben combinar**
- **oraciones correctas que no requieren ningún cambio**

Escoge la mejor manera de escribir cada parte subrayada y escribe la letra de la respuesta. Si no hace falta ninguna corrección, escribe la letra de "Oraciones correctas".

Darío piensa hacer un viaje a Francia y está leyendo libros turísticos sobre el país. <u>París es la capital. La capital es el centro de la cultura, el arte y la historia del país.</u> **(1)** También aprendió que el río Sena atraviesa todo el país. <u>Vió fotografías del famoso museo. Este museo se llama Museo del Louvre.</u> **(2)** ¡Darío está ansioso por conocer Francia!

1 **A** París es la capital, París es el centro de la cultura, el arte y la historia del país.

B París es la capital y la capital es el centro de la cultura, el arte y la historia del país.

C París, la capital, es el centro de la cultura, el arte y la historia del país.

D Oraciones correctas

2 **F** Vio fotografías del famoso Museo del Louvre.

G Vio fotografías del famoso museo, que este museo se llama Museo del Louvre.

H Vio fotografías del famoso museo, se llama Museo del Louvre.

J Oraciones correctas

continúa ▶

Examen de práctica *continuación*

Ahora escribe los números 3–6 en tu hoja. Lee el pasaje y fíjate en cada oración subrayada. Decide si está correcta o, si no, qué tipo de error contiene. Escribe la letra de la respuesta correcta.

Cuando la señorita Márquez terminó de enseñar las unidades sobre contaminación ambiental (3) en la clase de ciencias, les sugirió a sus estudiantes organizar un comité de reciclaje. Enrique pegó avisos sobre el comité en toda la escuela y lupita pegó la convocatoria en el tablero de anuncios. (4) El día de la primera junta asistieron doce estudiantes. Ésa fue la primera vez que muchos de ellos trabajaron como voluntarios en su comunidad? (5) Tres de las clases decidieron recoger las latas de aluminio de la carretera. Le pidieron al papá de cristóbal que les ayudara (6) a llevar las latas al centro de reciclaje.

3 **A** Ortografía
B Uso de mayúsculas
C Puntuación
D Oración correcta

4 **F** Ortografía
G Uso de mayúsculas
H Puntuación
J Oración correcta

5 **A** Ortografía
B Uso de mayúsculas
C Puntuación
D Oración correcta

6 **F** Ortografía
G Uso de mayúsculas
H Puntuación
J Oración correcta

Unidad 1: La oración

Tipos de oraciones *(pág. 10)* Escribe estas oraciones utilizando la puntuación correcta. Indica si son *enunciativas*, *interrogativas*, *imperativas* o *exclamativas*.

1. Dónde dejé mis anteojos
2. Me los saqué para nadar
3. Qué fría está el agua
4. Por favor, nada conmigo
5. Cuál es el estilo mariposa

Sujetos y predicados *(págs. 13, 16, 19)* Copia las siguientes oraciones. Traza una línea entre el sujeto completo y el predicado completo. Subraya el núcleo del sujeto una vez y el núcleo del predicado dos veces. Si el sujeto es implícito, indícalo y escribe el sujeto.

6. Las rosas florecieron primero.
7. Susana las había regado todos los días.
8. Toda su familia adora las flores.
9. Susana aprenderá sobre las flores en la escuela.
10. También aprenderá a cuidar de las hortalizas.

Sujetos y predicados compuestos *(págs. 22, 25)* Escribe los sujetos compuestos y los predicados compuestos de estas oraciones. Indica las conjunciones.

11. Teresa y Francisca fueron al parque.
12. Anduvieron en bicicleta o caminaron por todo el parque.
13. Teresa vio a Luisa y corrió para alcanzarla.
14. Susana y José montaron a caballo.
15. Juan y Lisa se bajaron de sus caballos, les dieron zanahorias y descansaron.

Oraciones compuestas, Conjunciones *(págs. 30, 33)* Une las oraciones simples para formar oraciones compuestas. Utiliza las palabras *y, o, pero.* Usa una coma si es necesario.

16. Mi hermana vive en la universidad. Viene a casa cada dos fines de semana.
17 Necesitaba estantes. Carlos los construyó.
18. ¿Te parece que los pinte de blanco? ¿Quedará mejor este color?
19. Carlos colocará las biografías arriba. Susana pondrá las novelas abajo.
20. ¿Susana lee novelas? ¿Prefiere la literatura de no-ficción?

Oraciones complejas *(pág. 35)* Indica si cada oración es *simple*, *compuesta* o *compleja*. Si tiene una conjunción, escríbela.

21. Como nos habíamos atrasado, tuvimos que apurarnos.
22. ¿El reloj de Daniel se atrasa o se adelanta?
23. Oigo el tren, pero no aparece todavía.
24. Papá nos llevará si perdemos el tren.
25. Cuando vengas iremos al zoológcio.

Fragmentos y uniones incorrectas *(pág. 40)* Convierte cada fragmento en una oración completa. Corrige las uniones incorrectas.

26. Tres brochas y una lata de pintura.
27. ¿Puedo ayudarte puedo sostener la escalera?
28. Temprano mañana por la tarde.
29. Mamá pintará la puerta yo pintaré esta pared papá pintará ésa.
30. Todas las noches antes de acostarse.

Unidad 2: Sustantivos

Sustantivos comunes y propios *(págs. 54, 57)* Escribe cada sustantivo e indica si es *común* o *propio*.

31. Norman Rockwell era un pintor.
32. Nueva York era su ciudad natal.
33. Sus obras aparecieron en la revista *Saturday Evening Post*.
34. Rockwell estudió en un instituto de Nueva York.
35. Vi una pintura suya en un museo.

Masculinos y femeninos *(pág. 62)* Vuelve a escribir estas oraciones usando la forma femenina de los sustantivos subrayados. Si es la misma forma para ambos géneros, indícalo.

36. El príncipe estaba triste.
37. Su padre, el rey, se había enfermado.
38. Los doctores del reino no sabían qué tenía.
39. Un estudiante de medicina analizó el problema.
40. La medicina curó al enfermo.

Singular y plural *(pág. 64)* Escribe el plural de las siguientes palabras.

41. cordel
42. nariz
43. iglú
44. manatí
45. anís
46. alud
47. diéresis
48. lombriz

(págs. 54–56)

 1 ¿Qué es un sustantivo?

Recuerda

- Un **sustantivo** nombra a una persona, un lugar, una cosa o una idea.

Escribe todos los sustantivos de las siguientes oraciones.

Ejemplo: Ben Franklin fue nombrado embajador para representar a las colonias norteamericanas en Gran Bretaña.
Ben Franklin *embajador* *colonias* *Gran Bretaña*

1. Ben Franklin fue un líder de la Revolución.
2. Pocas personas creían que los dos países pudieran ser amigos.
3. Ben Franklin aconsejó a George Washington.
4. El señor Franklin también fue miembro de la comisión que redactó la Declaración de Independencia.
5. Ben Franklin fue un impresor, escritor, pensador y líder.

(págs. 57–59)

2 Sustantivos comunes y propios

- Un **sustantivo común** nombra a una persona, un lugar, una cosa o una idea cualquiera.
- Un **sustantivo propio** nombra a una persona, un lugar, una cosa o una idea en particular.
- Los sustantivos propios siempre comienzan con mayúscula.

Escribe los sustantivos de las siguientes oraciones. Subraya los sustantivos comunes una vez y los propios dos veces.

Ejemplo: Willa Brown fue una aviadora que vivió en Chicago.
Willa Brown *aviadora* *Chicago*

1. Un día, ella visitó a un redactor llamado Enoch Waters.
2. Este hombre trabajaba para el periódico *Chicago Defender*.
3. Willa quería que todos supieran sobre los aviadores afroamericanos.
4. Los estudiantes de la escuela Libertad hicieron demostraciones en el aeropuerto de Harlem.
5. ¿Recuerda la tía Luisa esos artículos?

(págs. 62–63)

3 Masculinos y femeninos

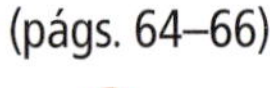

- Los sustantivos que se refieren a personas y animales por lo general tienen una forma masculina y una forma femenina. Los que se refieren a cosas, lugares, o ideas tienen una forma invariable.
- Son masculinos los sustantivos que toman *el* o *los*; son femeninos los que toman *la* o *las*.

Escribe *masculino* o *femenino*, para indicar el género de cada forma. Si puede ser ambos, escribe *ambos*.

Ejemplo: cantante *ambos*

1. gallina
2. reina
3. dependienta
4. directora
5. ingrediente
6. princesa
7. trapecista
8. cliente
9. toro
10. novia
11. elefanta
12. ley

(págs. 64–66)

4 Singular y plural

- Todos los sustantivos tienen número: singular o plural. Un **sustantivo singular** se refiere a una sola persona, cosa, lugar o idea. Un **sustantivo plural** se refiere a dos o más personas, cosas, lugares o ideas.
- Las reglas para la formación del plural varían según la terminación de la forma singular del sustantivo. (Mira la tabla de la página 64.)

Escribe cada oración con el plural correcto del sustantivo entre paréntesis.

Ejemplo: Los viernes tengo dos (examen).
Los viernes tengo dos exámenes.

1. En el zoológico vi unos (chimpancé).
2. Le regalé a mi abuela un ramillo de (alhelí).
3. Nos pusimos (antifaz) para ir al carnaval.
4. Se fue la electricidad, y pararon todos los (reloj).
5. Practicamos fútbol todos los (lunes).
6. Nuestros invitados durmieron en los (sofá).

Unidad 3

Verbos

Como en un baile aéreo, ella brinca, vuela, da la vuelta, cae y aterriza.

Gramática

1 Verbos de acción

¿Qué palabras describen una acción en esta oración?

Así que mi mamá preparó una canasta con tortas de jamón, de frijoles con queso y de atún; puso manzanas, ate de guayaba, peras, uvas y cacahuates.

—tomado de *Viaje en diario alrededor de un año,* de Margarita Robleda

- Ya sabes que el verbo es la palabra principal del predicado de una oración. Un **verbo de acción** nos dice lo que el sujeto *hace, hizo* o *hará*.

  Julia caminó por la playa.

  Ellos corrieron hacia el mar.

  José llegará mañana.

- A veces, un verbo de acción habla de una acción que no podemos ver.

  Queremos conchas marinas.

  Me pregunto cómo serán las mareas.

Inténtalo

En voz alta Busca los verbos de acción.

1. Encontré el esqueleto de un erizo de mar.
2. Papá y yo examinamos el esqueleto.
3. Toqué su superficie aplanada.
4. Llevé a casa el erizo de mar.
5. Colgué el erizo en mi cuarto.

- Los **verbos de acción** nos dicen qué hace, qué hizo o qué hará el sujeto de la oración.

Por tu cuenta

Escribe el verbo de acción de cada una de estas oraciones. Luego, indica si la acción es *visible* o *invisible*.

Ejemplo: Los erizos de mar se entierran en la arena. *se entierran visible*

6. Colecciono conchas marinas y erizos de mar.
7. Toca la superficie de este erizo de mar.
8. La arena se desliza por las ranuras.
9. El erizo de mar come mariscos y plantas.
10. Los artistas admiran la belleza de su estrella de cinco puntas.
11. Pintan cuadros de erizos de mar aplanados y otras criaturas marinas.
12. Me encantan las pinturas del mar.

13–17. Los siguientes apuntes para un informe escolar contienen cinco verbos de acción. Copia los apuntes y subraya los verbos de acción.

Ejemplo: Los erizos de mar comen plantas pequeñas.
Los erizos de mar <u>comen</u> plantas pequeñas.

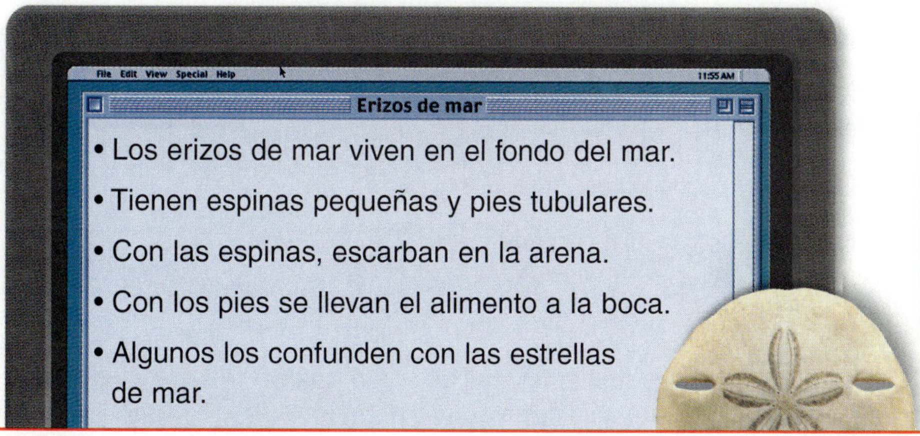

¡Ahora, a escribir!

ESCRIBIR • PENSAR • ESCUCHAR • HABLAR

INFORMAR

Escribe apuntes para un informe

¿Qué tema conoces bien? ¿Las rutas de autobús? ¿El baloncesto? ¿Los conjuntos de rock? Escribe cuatro o cinco oraciones sobre el tema. Elige a un compañero y léanse sus apuntes. Comparen los temas que eligieron. Luego, hagan una lista de los verbos de acción que cada uno utilizó.

Práctica adicional: página 113

2 Voz activa y voz pasiva

¿Quién hace la acción en las siguientes oraciones? ¿Qué acción hace?

Este gato hizo una travesura.
Una travesura fue hecha por este gato.

- La **voz** del verbo indica si el sujeto de la oración ejecuta la acción o la recibe. El verbo puede estar en voz activa o en voz pasiva.
- La **voz activa** expresa que el sujeto de la oración ejecuta la acción. Es la voz más usada en español.

  Carlos cocinó el pollo.

  Luisa terminó la carrera.

- La **voz pasiva** expresa que el sujeto de la oración recibe la acción del verbo.

  El pollo fue cocinado por Carlos.

  La carrera fue terminada por Luisa.

Inténtalo

En voz alta Lee las siguientes oraciones y di cuáles están en voz activa y cuáles están en voz pasiva.

1. El ganado come pasto en los campos.
2. Los bueyes son movidos de una zona a otra.
3. Los vaqueros usan los caballos para eso.
4. Los vaqueros cuidan sus caballos bien.
5. Ese caballo fue montado por mí en varias ocasiones.

- La voz del verbo indica si el sujeto de la oración ejecuta la acción (voz activa) o si recibe la acción (voz pasiva).

Por tu cuenta

Escribe cada oración y subraya el verbo. Indica si está en voz activa o en voz pasiva.

Ejemplo: La cosecha fue destruida por la tormenta.
La cosecha fue destruida por la tormenta. *voz pasiva*

6. Los atletas preparan su equipo.
7. El pato es perseguido por un gato.
8. Micaela está lavando su auto.
9. El libro fue comprado hace ocho años.
10. Las liebres corrieron asustadas.
11. Él tiene información sobre la fauna.

12–16. Esta historia tiene cinco oraciones en voz pasiva. Escríbela de nuevo, cambiando todos los verbos a la voz activa.

Ejemplo: Las vacas comieron el heno.
El heno fue comido por las vacas.

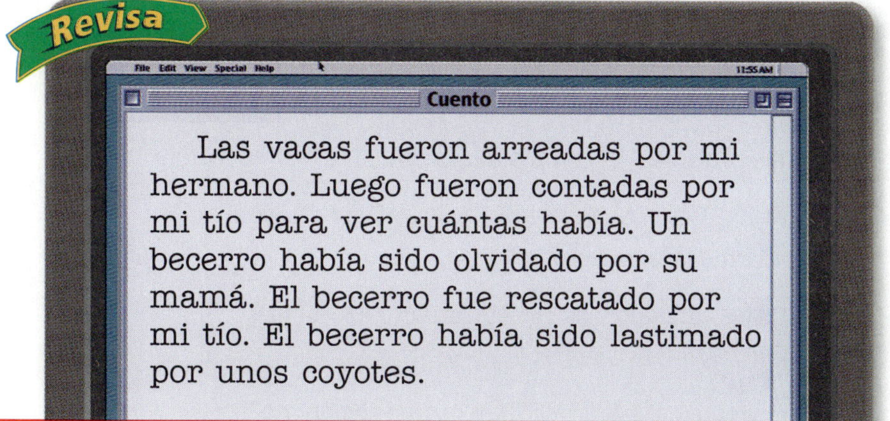

Gramática

3 Complemento directo

Túrnense para contestar la siguiente pregunta: ¿Qué vieron en el museo de ciencias? Tu respuesta puede ser verdadera o imaginaria. Repite todas las respuestas que dieron tus compañeros antes de agregar la tuya.

- Un verbo de acción en la voz activa muchas veces va seguido de un sustantivo o un pronombre que indica sobre *quién* o *qué* recae la acción.

  Florencia y yo visitamos un museo de ciencias.

  En una galería vimos una momia egipcia.

  Los adultos y los niños observaron la momia.

  El guía del museo describió las pirámides egipcias.

- La palabra que indica sobre *quién* o *qué* recae la acción del verbo se llama **complemento directo.** Para encontrar el complemento directo, primero busca el verbo. Luego, pregunta sobre *quién* o *qué* recae la acción. El complemento directo puede ser un sustantivo o un pronombre. Los pronombres reemplazan a los sustantivos.

  El guía ayudó a María. *(¿A quién ayudó el guía?)*

  El guía la ayudó. *(¿A quién ayudó el guía?)*

  Lucas había estudiado los fósiles. *(¿Qué había estudiado Lucas?)*

  Él observa esta roca. *(¿Qué observa él?)*

- En algunas oraciones el complemento directo es compuesto.

  La exposición presentaba plantas y animales del desierto. *(¿Qué presentaba la exposición?)*

  Los visitantes admiraron las computadoras y los cohetes. *(¿Qué admiraron los visitantes?)*

  Algunos compraron carteles y libros. *(¿Qué compraron?)*

Inténtalo

En voz alta Busca el verbo de cada oración. Luego, busca el complemento directo, el cual puede ser compuesto.

1. Vimos una exposición en el museo de ciencias.
2. Un generador enorme producía luz y energía.
3. Luego vimos un modelo de la nave espacial Apolo.
4. Lo examinamos de cerca.
5. Laura y Rodrigo vieron una película sobre cohetes.
6. Más tarde visitamos la exposición de historia natural.
7. Estudié las jirafas y los elefantes disecados.
8. Mis amigos prefirieron los dinosaurios y otros animales prehistóricos.

- El **complemento directo** es un sustantivo o un pronombre sobre el que recae la acción de un verbo de acción.
- Algunos complementos directos son compuestos.
- Para encontrar el complemento directo, busca el verbo de acción y pregunta sobre quién o qué recae la acción.

Por tu cuenta

Copia estas oraciones y escribe el verbo de acción y el complemento directo de cada una. El complemento directo puede ser compuesto.

Ejemplo: Sir Francis Drake planeó un viaje alrededor del mundo.
verbo de acción: planeó *complemento directo: viaje*

9. La reina de Inglaterra alentó a Drake en 1577.
10. Sir Francis trató bien a los miembros de su tripulación.
11. Se ganó su respeto y lealtad.
12. Drake comandaba tres naves.
13. Dos naves más pequeñas transportaban provisiones.

Por tu cuenta continuación

14. Visitaron muchos puertos de América del Sur.
15. El viaje de Drake benefició a Inglaterra.
16. Los ingleses vitorearon a los marinos.
17. La Reina alabó a Francis Drake.
18. Premió a toda la tripulación.

19–30. La siguiente adivinanza tiene 12 verbos de acción. Cada verbo tiene por lo menos un complemento directo. Copia la adivinanza. Subraya los verbos de acción una vez y los complementos directos dos veces. No olvides el título.

Ejemplo: Fomenté la literatura y el arte.
Fomenté la literatura y el arte.

Adivina mi nombre. Usa estas pistas.

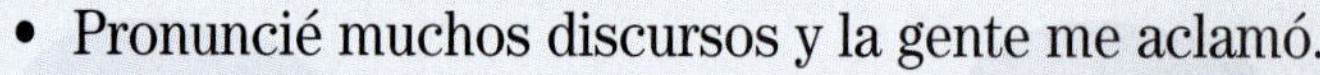
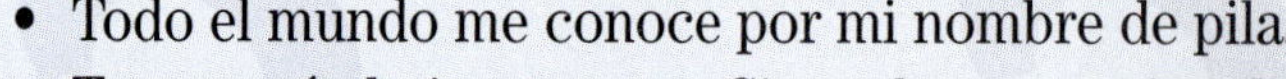

- Pronuncié muchos discursos y la gente me aclamó.
- Todo el mundo me conoce por mi nombre de pila.
- Tuve un título importante. Sin embargo, casi nadie lo usa.
- Muchos reyes y príncipes pidieron mi mano.
- Conocí a William Shakespeare y a Sir Francis Drake.
- Hablaba varios idiomas.
- Goberné mi nación durante cuarenta y cinco años.
- Más tarde, otra reina de mi país llevó mi nombre.

Respuesta: Isabel I, reina de Inglaterra

ESCRIBIR • PENSAR • ESCUCHAR • HABLAR

DESCRIBIR

Escribe pistas para una adivinanza

Piensa en un personaje conocido, como una figura histórica o alguien famoso. Escribe por lo menos cinco pistas sobre esa persona. Escribe en primera persona y usa verbos de acción y complementos directos. Pídele a un compañero que trate de adivinar. Luego, pregúntale cuál fue la pista más útil.

Práctica adicional: página 114

4 Complemento indirecto

Lee la oración siguiente. ¿Qué fue lo que compró María? ¿Para quién lo compró?

María le compró un paraguas nuevo a su mamá.

- Ya has aprendido que el **complemento directo** de un verbo es el sustantivo o el pronombre que indica sobre quién o qué recae la acción de un verbo de acción.

  María compró un paraguas.

- Muchas veces los verbos tienen también un **complemento indirecto**, que indica quién o qué recibe la acción **indirecta** del verbo. El complemento indirecto a menudo (pero no siempre) está indicado por las palabras ***a*** o ***para***, o con un pronombre.

  María le compró un paraguas a su mamá.

  Pintó un cuadro para su tío Luis.

  Le pintó un cuadro muy bonito.

- No confundas el *a* que indica complemento indirecto con el *a* que se usa con el complemento directo cuando se trata de una persona.

  Julio telefoneó a su hermano.

Aquí, *hermano* es el complemento directo del verbo *telefoneó*. Si tienes dudas, pon la oración en voz pasiva. Un complemento directo se convertirá en sujeto, pero un complemento indirecto no cambiará.

Su hermano fue telefoneado por Julio.

- Con verbos que significan agradar o gustar, el complemento indirecto indica a quién le gusta o no le gusta lo que se menciona.

  A ella no le gustó la película.

  Me encantan las palomitas de maíz.

Inténtalo

En voz alta Busca el verbo en cada oración. ¿Cuál es el complemento directo? ¿Cuál es el indirecto?

1. Miguel le dio lecciones de esquiar a su hijo.
2. Le compró esquíes nuevos.
3. Las montañas ofrecen un paisaje magnífico al espectador.
4. El niñito hizo un dibujo para su papá.
5. A Miguel le encantó el dibujo.

- El **complemento indirecto** indica quién o qué recibe la acción indirecta del verbo. Se indica con las palabras ***a*** o ***para***, o con un pronombre.
- Con verbos que significan gustar o agradar, el complemento indirecto indica a quién le gusta o no le gusta lo que se menciona.

Por tu cuenta

Escribe *complemento directo* o *complemento indirecto* para indicar la función de las palabras subrayadas en la oración.

Ejemplo: Quiero mostrarte mi último cuadro. *complemento directo*

6. Hoy traje a mi hija al trabajo.
7. Le debo cinco dólares a mi jefa.
8. ¿Me puedes prestar un lápiz, por favor?
9. Sírvele una buena cena a tu novio.
10. ¿Has visto a Lydia recientemente?
11. A Pedro le gustan mucho las películas de vaqueros.
12. Ofrécele uno de tus dulces a tu amiga.
13. Yo quiero mucho a mi hijita.
14. Quiero lo mejor para ella.
15. Le comuniqué a Ángela nuestra decisión.
16. A mí no me agradan sus novelas.

continúa ▶

Por tu cuenta continuación

17–25. Los anuncios de este tablero tienen nueve complementos indirectos. Encuéntralos y escríbelos.

Ejemplo: Se ofrece cuidado para niños. *para niños*

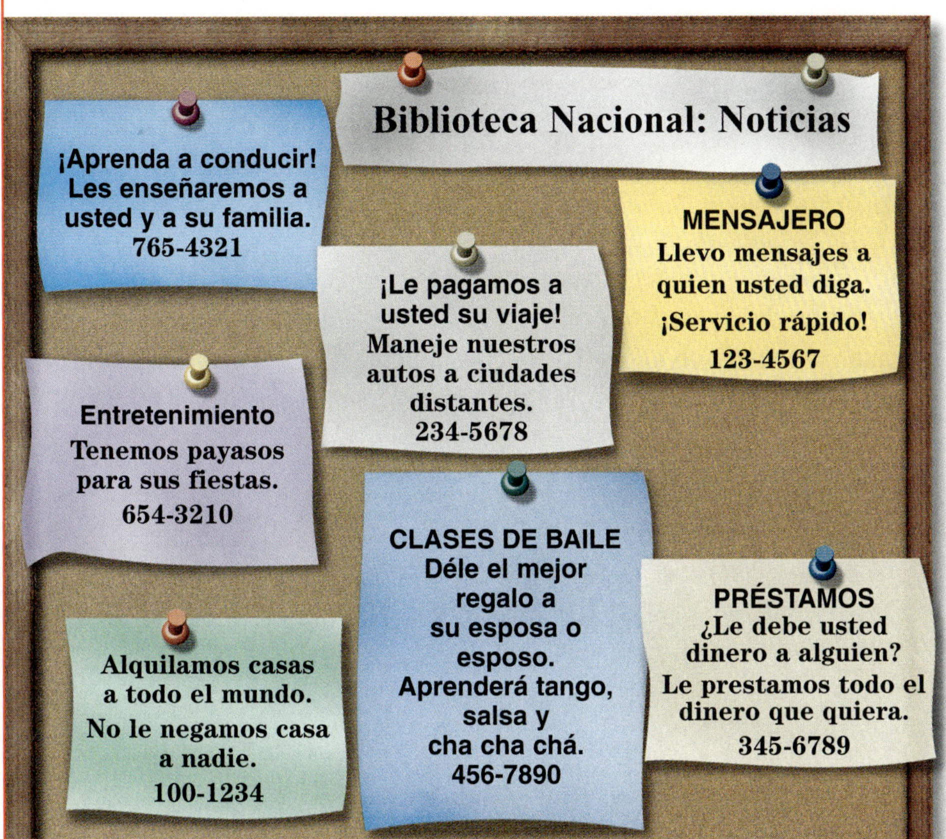

¡Ahora, a escribir!

ESCRIBIR • PENSAR • ESCUCHAR • HABLAR

CREAR

Escribe anuncios

¿Has visto los anuncios de los tableros de tu escuela o del supermercado? Escribe cinco anuncios parecidos. Puedes hacerlos realistas, cómicos o fantásticos. Usa complementos directos y complementos indirectos con tus verbos. Reúnete con un grupo de compañeros para leer sus anuncios en voz alta.

Gramática

5 Verbos transitivos e intransitivos

¿Cuál es el complemento directo del verbo subrayado?

El viento cesó con la puesta del sol.

—tomado de *Kayum* de José Manuel Pintado

- La acción de los **verbos transitivos** en voz activa recae en un sustantivo o un pronombre en el predicado. El complemento directo recibe la acción. Los **verbos intransitivos** no tienen complemento directo. Un verbo puede ser transitivo en una oración e intransitivo en otra.

Verbo	Transitivo	Intransitivo
hablar	Los estudiantes hablan francés.	Ellos hablan bien.
estudiar	Nosotros estudiamos gramática.	Nosotros estudiamos mucho.

- Algunos verbos de acción siempre son intransitivos. Nunca llevan complemento directo.

Verbos intransitivos: El perro ladró toda la noche.
Carla llegó tarde a su casa.

Inténtalo

En voz alta Busca los verbos de las siguientes oraciones. ¿Cuáles son transitivos y cuáles intransitivos? Si el verbo es transitivo, busca el complemento directo.

1. La mamá de Ana compró un regalo.
2. Eligió un reloj de pulsera con una correa anaranjada.
3. Ana llevó su nuevo reloj de pulsera a la escuela.

continúa ▶

Inténtalo continuación

4. Ahora sabrá la hora correcta.
5. Le enseña su regalo a todo el mundo.
6. El segundero avanza rápidamente sobre los números.
7. La esfera del reloj deslumbra con su brillo.
8. Por la noche, Ana guarda el reloj en su estuche.
9. Los números fosforescentes brillan en la oscuridad.
10. ¿Puede Ana ver la hora sin encender la luz?

- Los **verbos transitivos** son verbos de acción. Su acción recae en un sustantivo o un pronombre que es su complemento directo.
- Los **verbos intransitivos** no tienen complemento directo.
- Algunos verbos de acción siempre son intransitivos. Otros pueden ser transitivos o intransitivos.

Por tu cuenta

Copia estas oraciones y escribe el verbo de cada una. Indica si el verbo es *transitivo* o *intransitivo*. Si es transitivo, escribe el complemento directo.

Ejemplo: Raúl adivinó el acertijo. *adivinó* *transitivo* *acertijo*

11. Contamos el chiste sobre la pulga.
12. María les explicó el chiste.
13. Berta nos puso un acertijo nuevo.
14. ¿Recordarán tus hermanas los versos?
15. La señora García rió suavemente.
16. Disfrutó la reunión.
17. Escuchamos el cuento del abuelo.
18. Un buen payaso puede contar chistes sin necesidad de palabras.
19. María tocó la guitarra después de cenar.
20. Todos escucharon la hermosa música.
21. Recibió muchos aplausos.
22. El señor García también tocó.

continúa ▶

Por tu cuenta continuación

23–30. Copia las oraciones de las siguientes adivinanzas. Subraya los ocho verbos de acción (incluyendo los infinitivos) una vez. Indica si son transitivos o intransitivos. Luego, subraya dos veces los complementos directos que encuentres.

Ejemplo: ¿Qué tipo de persona roba una rata? (Un ratero)
¿Qué tipo de persona roba una rata? *transitivo*

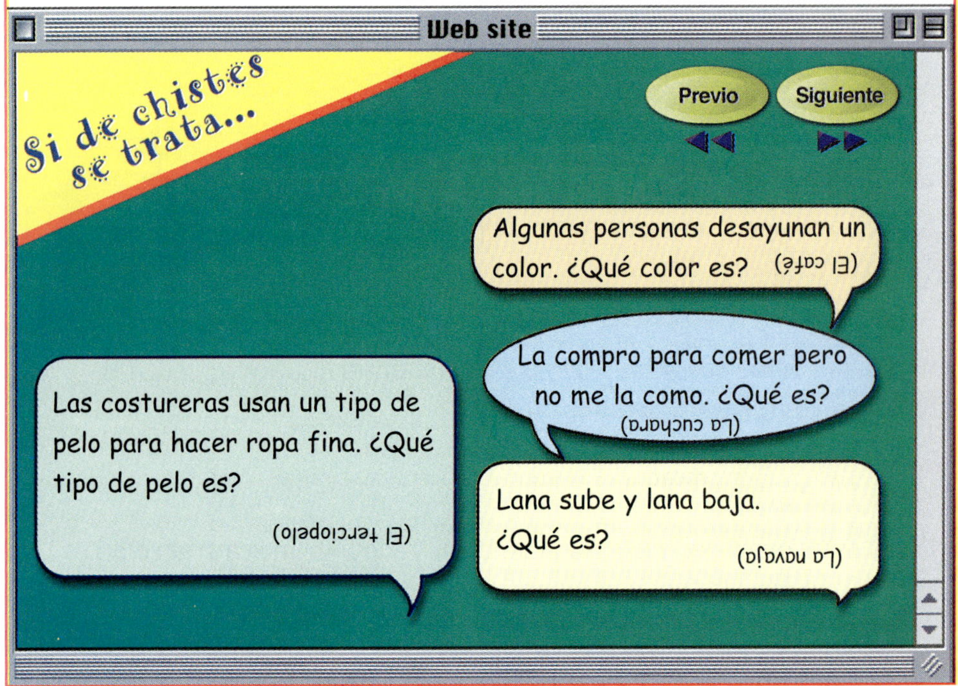

¡Ahora, a escribir!

ESCRIBIR • PENSAR • ESCUCHAR • HABLAR

CREAR

Escribe adivinanzas chistosas

Algunas adivinanzas usan palabras que tienen un sonido similar *(plata no es/plátano es; días/Díaz; lana baja/la navaja)*. Otras se basan en una palabra dentro de otra *(terciopelo, cámara)*. Escribe tres o cuatro adivinanzas. Estas palabras te pueden ayudar a pensar en algo gracioso: *perro de aguas, bocacalle, pie de amigo.* Cuéntale tus adivinanzas a un grupo de compañeros. ¿Los asombraste?

Práctica adicional: página 115

Gramática

6 Verbos atributivos

Para comenzar

Forma todas las oraciones que puedas con las siguientes palabras. Puedes agregar *unas* y *las*.

montañas	Rocosas	grandes	eran
hermosas	antiguas	son	elevadas

- Los **verbos atributivos** dicen qué es, cómo es o cómo está el sujeto.

  El señor Wong está contento. El señor Wong es maestro.

Verbos atributivos				
ser	estar	oler	quedar	resultar

¡Fíjate!

Los verbos atributivos nunca tienen complemento directo.

- Los verbos atributivos unen al sujeto con una palabra del predicado. Esta palabra puede ser un **sustantivo predicativo** si nombra al sujeto, o un **adjetivo predicativo** si describe al sujeto.

  Sustantivos predicativos: Juana es mi amiga. *(Juana = amiga)*

  Adjetivos predicativos: El señor Paz está cansado.

- Algunos verbos pueden ser verbos atributivos o verbos de acción.

  Verbo de acción: El perro olió las flores.

  Verbo atributivo: El perro olía mal.

Inténtalo

En voz alta ¿Cuál es el verbo atributivo en cada una de las siguientes oraciones? ¿Cuál es el sustantivo predicativo o el adjetivo predicativo?

1. Caballo Loco fue un jefe sioux.
2. Su estatua es un gran proyecto artístico.
3. El proyecto es muy lento.
4. La estatua quedará muy bonita.

Modelo para la estatua de Caballo Loco

- Un **verbo atributivo** enlaza al sujeto con un sustantivo predicativo o un adjetivo predicativo.
- Un **sustantivo predicativo** vuelve a nombrar o identifica al sustantivo.
- Un **adjetivo predicativo** describe al sujeto.

Por tu cuenta

Subraya el verbo atributivo. Traza una flecha desde el núcleo del sujeto hasta el sustantivo predicativo o el adjetivo predicativo.

Ejemplo: Los iroqueses son indígenas americanos de Nueva York.

Los iroqueses son indígenas americanos de Nueva York.

5. Hiawatha fue un poderoso jefe iroqués.
6. Hiawatha es el héroe de un poema norteamericano.
7. Hiawatha estaba triste debido a la guerra.
8. Él era un hombre pacífico.
9. Los mohawk eran una tribu iroquesa.
10. Hiawatha fue un negociador de paz.
11. La constitución de los iroqueses fue un modelo para otros gobiernos.

¡Ahora, a escribir! ESCRIBIR • PENSAR • ESCUCHAR • HABLAR

EXPRESAR

Escribe un editorial

¿Hay grupitos exclusivos en tu escuela? ¿Cuáles son las ventajas y desventajas de pertenecer a grupito exclusivo? Escribe un editorial para presentar tu opinión. Utiliza sustantivos predicativos y adjetivos predicativos. Léele tu editorial a un compañero. ¿Opina lo mismo que tú?

Práctica adicional: página 115

7 Presente y futuro

El búho es muy estudioso. ¿Cuál es la diferencia entre las formas verbales subrayadas?

Hoy leo este libro.
Mañana leeré otro.

- El tiempo **presente** del modo indicativo expresa una acción habitual, que dura siempre o que ocurre cuando se habla.

La niña canta muy bien.

- El tiempo **futuro** del modo indicativo expresa una acción que ocurrirá en un tiempo después del momento en que se habla.

Juan estudiará para el examen.

Verbos regulares: Conjugación en presente y futuro			
		Presente	**Futuro**
amar	yo tú él/ella/usted nosotros vosotros ellos (ustedes)	amo amas ama amamos amáis aman	amaré amarás amará amaremos amaréis amarán
comer	yo tú él/ella/usted nosotros vosotros ellos (ustedes)	como comes come comemos coméis comen	comeré comerás comerá comeremos comeréis comerán
vivir	yo tú él/ella/usted nosotros vosotros ellos (ustedes)	vivo vives vive vivimos vivís viven	viviré vivirás vivirá viviremos viviréis vivirán

Inténtalo

En voz alta Di cuáles verbos están en presente y cuáles en futuro.

1. Los Juegos Olímpicos comienzan hoy.
2. Iremos a ver las carreras.
3. A su edad seré campeón.
4. Los atletas son los héroes de la ciudad.

- El tiempo **presente** expresa una acción habitual, que dura siempre o que ocurre cuando se habla.
- El tiempo **futuro** expresa una acción que ocurrirá después del momento en que se habla.

Por tu cuenta

5–10. Estos titulares tienen seis verbos. Escríbelos y subraya el verbo, indicando en qué tiempo está.

Ejemplo: Atletas llegarán para las Olimpiadas.
Atletas llegarán para las Olimpiadas. *futuro*

Juegos Olímpicos comenzarán mañana

Ciudad se prepara para el acontecimiento

Presidente dará discurso de bienvenida

Público canta en el estadio

Voluntarios vestirán de rojo

Fanáticos esperan encontrar boletos

Práctica adicional: página 116

8 Pretérito

Lee las siguientes oraciones. ¿Cómo sabes si la historia tiene lugar en el presente, en el pasado o en el futuro?

> La madre, sola en casa, se echó a temblar. Aquellos sobres no traían nunca nada bueno.
>
> —tomado de *Antonio en el país del silencio*, de Mercedes Neuschafer-Carlón

- Cuando la acción sucede en el pasado, los verbos aparecen en tiempo pretérito.
- La conjugación del **pretérito indefinido** y del **pretérito imperfecto** aparecen a continuación.

Verbos regulares: Pretérito indefinido y pretérito imperfecto

		Pretérito indefinido	**Pretérito imperfecto**
amar	yo tú él/ella/usted nosotros vosotros ellos (ustedes)	amé amaste amó amamos amasteis amaron	amaba amabas amaba amábamos amabais amaban
comer	yo tú él/ella/usted nosotros vosotros ellos (ustedes)	comí comiste comió comimos comisteis comieron	comía comías comía comíamos comíais comían
vivir	yo tú él/ella/usted nosotros vosotros ellos (ustedes)	viví viviste vivió vivimos vivisteis vivieron	vivía vivías vivía vivíamos vivíais vivían

Inténtalo

En voz alta Di la forma que se pide de cada verbo.

1. tocar (tú—pretérito indefinido)
2. soplar (yo—pretérito imperfecto)
3. comer (ella—pretérito imperfecto)
4. tirar (nosotros—pretérito indefinido)
5. planear (ellos—pretérito indefinido)

- El **pretérito indefinido** indica una acción ya terminada para el que habla.
- El **pretérito imperfecto** indica una acción pasada simultánea a otra también pasada, o una acción pasada cuyo principio y fin no se toman en cuenta.

Por tu cuenta

Escribe cada oración con la forma del verbo indicada entre paréntesis.

Ejemplo: Alguien _____ la trompeta hace miles de años. (inventar—pretérito indefinido)
Alguien inventó la trompeta hace miles de años.

6. Yo _____ el violín el año pasado. (tocar—pretérito indefinido)
7. Mi bisabuelo _____ a Beethoven. (conocer—pretérito imperfecto)
8. Su piano _____ como un sueño. (sonar—pretérito imperfecto)

¡Ahora, a escribir!

ESCRIBIR • PENSAR • ESCUCHAR • HABLAR

EXPLICAR

Escribe una carta

Escríbele una carta a un amigo. Cuéntale de algún regalo que hayas recibido. Usa verbos en pretérito indefinido e imperfecto. Luego coméntala con tus compañeros. ¿Han recibido ellos algún regalo parecido?

Práctica adicional: página 116

Escribir con verbos

Usar correctamente los tiempos verbales El uso correcto de los tiempos verbales te ayudará a ser claro en tus escritos. Cuando escribas sobre algo que ocurre en el presente, usa sólo el tiempo presente.

Incorrecto: Nuestra familia irá hoy al festival de arte. Queríamos ver el cuadro de León. Él está orgulloso de su obra.

Correcto: Nuestra familia va hoy al festival de arte. Queremos ver el cuadro de León. Él está orgulloso de su obra.

Lo mismo ocurre con los otros tiempos verbales. Cuando la acción ocurre en el pasado, recuerda que debes usar el tiempo pretérito. La acción futura debe escribirse en el tiempo futuro.

Aplícalo

1–6. Vuelve a escribir estos pies de foto. Decide qué tiempo verbal debes usar en cada caso. Corrige los tiempos verbales incorrectos.

Revisa

Semanario Escolar

RECTO

Festival de arte: todo un éxito

El público disfrutó de las pinturas y los dibujos. Los estudiantes muestran su talento creativo, y se sentirán muy orgullosos de esta exhibición.

El sexto grado presentó su jardín de esculturas. La exposición estará frente a la escuela y es estupenda. Los estudiantes hicieron figuras de arcilla.

EL AÑO QUE VIENE

El año que viene tendremos otro festival. Hay una exposición de arte más grande. Los estudiantes pintarán un mural para el comedor e invitaron a un orador.

A veces tienes que mencionar en un párrafo cosas que suceden en diferentes momentos. Puedes cambiar los tiempos verbales con cuidado para que el significado quede claro y el lector no se confunda.

Este párrafo está escrito principalmente en pretérito, pero fue necesario usar los tiempos presente y futuro para que tuviera sentido.

> Los pintores de Maine del siglo pasado tenían estilos bien definidos. El mar fue el tema principal de muchos de ellos. Cuando visites la costa de Maine, verás por qué. Los colores del agua cambian constantemente. Los pintores captaron esos tonos en sus lienzos.

El tiempo presente indica algo que está sucediendo en este momento o algo que continúa sin interrupción.

Aplícalo

7–13. Vuelve a escribir esta sección de una carta amistosa. Corrige los verbos según corresponda, usando los tiempos verbales correctos.

Revisa

Querida abuela:

Fuimos de excursión a un museo de arte. Te escribiré para contarte de una increíble coincidencia. Doblo la esquina y veo unos cuadros. Pensé que son los tuyos.

Eran como los que pintas el verano pasado. En realidad eran del artista Winslow Homer. Uno mostraba a varias personas en un velero. El velero estaba inclinado hacia un lado, y les hará pasar un momento emocionante.

¿Has oído hablar de Winslow Homer? Pintó muchos cuadros del mar. Mi maestra me dice que el señor Homer vivió en Maine, igual que tú.

Ya te contaré.

Cariños,

Tito

Winslow Homer
"Disfrutando la brisa"

9 Verbos principales y auxiliares

La siguiente oración tiene una frase verbal que contiene varios verbos. ¿Cuál es?

> Para el miércoles, ya habíamos ido a visitar a dos veterinarios de la colonia.

—tomado de *El misterioso caso de la perra extraviada*, de Silvia Molina

- A veces las oraciones no contienen un solo verbo sino una **frase verbal**, compuesta de varios verbos.

  Este año estoy jugando fútbol. Mi prima va a venir mañana.

- El verbo que indica la acción principal en una frase verbal es el **verbo principal**, que por lo general es un participio o un infinitivo.

  Puedo conseguir boletos para el juego. ¿Has terminado tu informe?

- Los **verbos auxiliares** se unen al verbo principal para formar la frase verbal, pero no expresan la acción principal de la frase verbal.

Verbos auxiliares más usados			
ser	haber	estar	pensar
ir	querer	poder	tener

Inténtalo

En voz alta Encuentra los tiempos compuestos en estas oraciones y señala el verbo auxiliar y el verbo principal.

1. En 1803 los franceses decidieron vender la tierra entre el río Missouri y las Montañas Rocosas.
2. La tierra fue comprada por los Estados Unidos.
3. El presidente Jefferson quería explorar el territorio.
4. Unos exploradores famosos fueron escogidos.
5. ¿Has leído estas historias de Lewis y Clark?

- Los **verbos auxiliares** se unen a otros verbos para formar **frases verbales**.
- El **verbo principal**, que por lo general es un participio o un infinitivo, expresa la acción principal de la frase verbal.

Por tu cuenta

Copia cada oración. Subraya el verbo auxiliar una vez y el verbo principal dos veces.

Ejemplo: La princesa india pudo ayudar a Lewis y Clark.
La princesa india pudo ayudar a Lewis y Clark.

6. La princesa Sacajawea había nacido en Idaho en 1787.
7. Había sido secuestrada de su tribu.
8. En 1805, su esposo fue contratado como guía.
9. Sacajawea decidió ir con ellos.

10–16. En este fragmento de un cuento sobre otra princesa india, hay siete oraciones que tienen verbos auxiliares. Escríbelas y subraya los verbos auxiliares una vez y los verbos principales dos veces.

Ejemplo: El libro ha sido publicado recientemente.
El libro ha sido publicado recientemente.

La leyenda de Flor

La princesa Flor había sido educada por un sacerdote. El rey había viajado a otras tierras y la dejó sola. La princesa era custodiada por unos guerreros. Ella quería estar libre. Una noche entró un colibrí a su cuarto. Ella había aprendido que los colibríes eran aves mágicas. "Ayúdame a salir de mi encierro, colibrí" le rogó. Al otro día, la princesa se había transformado en una flor.

Práctica adicional: página 117

10 Tiempos compuestos

¿Qué otras palabras podrías sustituir por *jugado* en la siguiente oración? ¿Qué palabras podrías sustituir por *ha*?

Julio ha jugado en el bosque con sus amigos.

- Hay muchas frases verbales compuestas del verbo auxiliar *haber* y el participio de un verbo principal. Estas frases verbales forman los **tiempos compuestos** de los verbos.

Maritza ha comprado un bolso nuevo. Su otro bolso se le había perdido.

- Como regla general, los verbos terminados en *-ar* forman su participio en *-ado*. Los verbos terminados en *-er* o *-ir* forman su participio en *-ido*. Hay muchos verbos que son excepciones a esta regla.

Ejemplos de participios regulares		Ejemplos de participios irregulares	
comprar	comprado	hacer	hecho
beber	bebido	poner	puesto
sonreír	sonreído	decir	dicho

- Hay varios tiempos compuestos. Tres de ellos son el **pretérito perfecto**, el **futuro perfecto** y el **pluscuamperfecto**.

Tiempos compuestos más usados			
	Pretérito perfecto	**Futuro perfecto**	**Pluscuamperfecto**
yo	he vivido	habré caminado	había puesto
tú	has vivido	habrás caminado	habías puesto
él/ella/usted	ha vivido	habrá caminado	había puesto
nosotros	hemos vivido	habremos caminado	habíamos puesto
vosotros	habéis vivido	habréis caminado	habíais puesto
ellos/ustedes	han vivido	habrán caminado	habían puesto

Inténtalo

En voz alta Di cuál es el participio de cada uno de los siguientes verbos.

1. andar
2. ver
3. explorar
4. mirar
5. conocer
6. buscar
7. descubrir
8. poner
9. salir
10. llegar
11. nevar
12. venir

- El **pretérito perfecto** se forma con el presente del verbo auxiliar *haber* y el participio del verbo principal.
- El **futuro perfecto** se forma con el futuro del verbo auxiliar *haber* y el participio del verbo principal.
- El **pluscuamperfecto** se forma con el pretérito imperfecto del verbo auxiliar *haber* y el participio del verbo principal.

Por tu cuenta

Escribe los verbos en tiempos compuestos e indica en qué tiempo están.

Ejemplo: Para entonces, ya habré terminado mi informe.
habré terminado *futuro perfecto*

13. Esta mañana he tenido varios contratiempos.
14. Cuando se cocinó el pavo yo ya me había ido.
15. Si lo haces, habrás cumplido tu promesa.
16. Para la próxima semana habremos llegado a los doscientos.
17. Se habían mudado de casa la primavera pasada.
18. Ya me habías hablado acerca de tu casa nueva.
19. Para cuando traigas mis cosas ya habrán partido.
20. Tu hermano menor ha dibujado la casa.
21. Había salido de la escuela cuando lo encontré.
22. Este mes hemos plantado margaritas.
23. Juan ya habrá participado en el concurso mañana a esta hora.
24. Cuando se habían ido se escuchó un ruido.

continúa ▶

Por tu cuenta continuación

25. Laura ha participado en todos los desfiles.
26. Ya he comido demasiadas peras.
27. Quise encenderlo, pero ya lo habías descompuesto.

28–34. Copia el siguiente ensayo y escribe la forma correcta del verbo *haber* según el tiempo indicado.

Ejemplo: Mi familia así lo (pret. perf.) querido.
Mi familia así lo ha querido.

Cambios

Mi familia y yo (pret. perf.) vivido cinco años en mi vecindario. Cuando nosotros nos mudamos a nuestra casa, nuestra vecina, una viejita muy simpática, ya (pret. plusc.) vivido allí por muchos años. Las cosas (pret. perf.) cambiado mucho durante su vida. Al principio, sólo había unas cuantas casas allí. Nos enseñó unas fotos donde todavía se ven campos y vacas. Poco a poco, el vecindario se (pret. perf.) llenado de casas y de gente. Cuando nosotros llegamos, ya lo (pret. plusc.) pavimentado casi todo. Para cuando yo crezca, yo creo que la hierba ya (fut. perf.) desaparecido. Yo (pret. perf.) decidido que hay que evitarlo de alguna manera.

¡Ahora, a escribir!

ESCRIBIR • PENSAR • ESCUCHAR • HABLAR

COMPARAR

Escribe un ensayo

Escribe un breve ensayo donde compares el campo con la ciudad, u otras cosas que desees comparar. Usa verbos en tiempos compuestos. Túrnate con tus compañeros para leer sus ensayos en voz alta. ¿Qué tiempos compuestos usaron más y cuáles usaron menos?

11 Verbos irregulares

Para comenzar

¿Qué errores hay en los verbos de las siguientes oraciones? ¿Cómo puedes corregirlos?

La lámpara está rompida.

¿Poniste tu flauta sobre el piano?

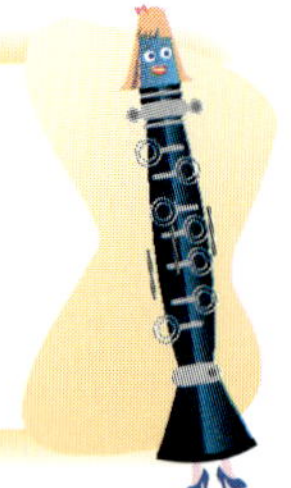

- Ya has aprendido la conjugación de los verbos en los distintos tiempos. La mayoría de los verbos siguen un patrón regular al conjugarse, según si su infinitivo termina en *-ar*, *-er* o *-ir*. Estos verbos se llaman **verbos regulares**.
- Muchos verbos tienen una o más formas que no siguen el patrón normal de conjugación: son los **verbos irregulares**. La mejor manera de aprender estas formas irregulares es memorizándolas.

Formas irregulares de algunos verbos

Verbo	Formas irregulares	Verbo	Formas irregulares
abrir	abierto	imprimir	impreso
cubrir	cubierto	poner	puse, puesto, pondré
decir	dije, dicho, diré	romper	roto
escribir	escrito	ver	vimos, visto
hacer	haremos, hice, hecho	volver	vuelto

Inténtalo

En voz alta Da un ejemplo de una forma irregular de cada verbo.

1. romper
2. poner
3. andar
4. decir
5. oler
6. jugar

- Los **verbos regulares** siguen un patrón regular de conjugación. Los **verbos irregulares** tienen una o más formas que no siguen el patrón.

Por tu cuenta

Escribe cada oración con la forma correcta del verbo entre paréntesis.

7. ¿Ya (poniste, pusiste) tu abrigo en el armario?
8. He (cubierto, cubrido) el escritorio de libros.
9. Yo (andé, anduve) en bicicleta todo el día.
10. Yo (oyo, oigo) cantar ese pájaro todas las mañanas.
11. No te (deciré, diré) lo que he visto.
12. Ya ni me (acuerdo, acordo) de eso.

13–17. La siguiente lista de leyendas tiene cinco formas verbales incorrectas. Cópialas y escríbelas correctamente.

Ejemplo: He escribido leyendas para mis seis dibujos.
He escrito leyendas para mis seis dibujos.

- Manuel ha rompido la jarra del agua.
- ¿Quién ha abrido la jaula del pájaro?
- Adriana ha resolvido el problema.
- Daniel ha contradecido a su padre.
- José ha volvido del partido de béisbol.

Práctica adicional: página 118

Tiempo condicional y modo subjuntivo

Busca los verbos en este chiste. ¿En qué tiempos están?

¿Qué pasaría si este instrumento quisiera lavarse los dientes? Necesitaría una tuba de pasta dental.

- Todos los tiempos verbales que has estudiado hasta ahora pertenecen al **modo indicativo**. Hoy vas a estudiar otro tiempo del modo indicativo: el **condicional**. También vas a estudiar otra familia de tiempos que componen el **modo subjuntivo**.
- El tiempo **condicional** expresa la posibilidad futura de un hecho, muchas veces ligada a que se cumpla alguna condición.

En la televisión anunciaron que lloverìa.

Compraría el auto si mis padres me dieran ese dinero.

Conjugación del tiempo condicional (modo indicativo)			
yo	amaría	temería	partiría
tú	amarías	temerías	partirías
el/ella/usted	amaría	temería	partiría
nosotros	amaríamos	temeríamos	partiríamos
vosotros	amaríais	temeríais	partiríais
ellos/ellas/ustedes	amarían	temerían	partirían

- El tiempo **condicional perfecto** se forma con el tiempo condicional del verbo *haber*: *habría temido*, *habrías temido*, etc.
- En el **modo subjuntivo**, los verbos indican una acción que está subordinada a otro verbo que generalmente expresa duda, posibilidad, temor, voluntad o deseo.

Quiero que salga el sol.

- Igual que el modo indicativo, el modo subjuntivo tiene varios tiempos, algunos simples y algunos compuestos.

Modo subjuntivo (Tiempos más usados)

Tiempos simples		Presente	Pretérito imperfecto
1ra conjugación	yo tú él/ella/usted nosotros vosotros ellos/ellas/ustedes	ame ames ame amemos améis amen	amara amaras amara amáramos amarais amaran
2da conjugación	yo tú él/ella/usted nosotros vosotros ellos/ellas/ustedes	beba bebas beba bebamos bebáis beban	bebiera bebieras bebiera bebiéramos bebierais bebieran
3ra conjugación	yo tú él/ella/usted nosotros vosotros ellos/ellas/ustedes	viva vivas viva vivamos viváis vivan	viviera vivieras viviera viviéramos vivierais vivieran

Tiempos compuestos	Pretérito perfecto	Pretérito pluscuamperfecto
yo tú él/ella/usted nosotros vosotros ellos/ellas/ustedes	haya amado hayas amado haya amado hayamos amado hayáis amado hayan amado	hubiera amado hubieras amado hubiera amado hubiéramos amado hubierais amado hubieran amado

Inténtalo

En voz alta Lee las oraciones y señala los verbos en tiempo condicional y en modo subjuntivo.

1. Si Juan viniera te avisaríamos.
2. Las gallinas enflaquecerían si no las alimentaras.
3. Si no comieras tanto no engordarías.
4. La granjera habría ido a la fiesta si no hubiera tenido tanto trabajo.
5. Susana visitaría a su mamá si la acompañaras.

- El tiempo **condicional** expresa posibilidad futura.
- En el **modo subjuntivo** los verbos expresan una acción que está subordinada a otro verbo que expresa duda, posibilidad, temor, voluntad o deseo.
- El modo subjuntivo tiene varios tiempos: algunos simples y algunos compuestos.

Por tu cuenta

Escribe cada oración conjugando en tiempo condicional el verbo indicado entre paréntesis.

Ejemplo: Si no tuviera la dirección _____ perdido. (andar)
Si no tuviera la dirección andaría perdido.

6. Si hicieras ejercicio te _____ bien. (sentir)
7. Nosotros _____ un columpio si tuviéramos un árbol. (colgar)
8. Si estuvieras en el campo, _____ las estrellas. (ver)
9. Prometió que _____ una mascota. (traer)
10. Si él hubiera llegado nosotros _____ oído el auto. (haber)
11. Dijeron que _____ mucha nieve. (caer)
12. ¿Crees que _____ necesaria más pintura? (ser)

continúa ▶

Por tu cuenta continuación

Copia cada oración. Subraya el verbo en subjuntivo y di en qué tiempo está.

Ejemplo: Cuando me reconozcas, hazme una seña.
Cuando me reconozcas, hazme una seña. *presente*

13. Si yo pudiera, compraría esa bolsa.
14. Cuando tenga dinero compraré esa escultura.
15. A mi amigo le habría gustado que hubieras venido hoy.
16. Teme que haya perdido su herramienta.
17. Espero que comience a trabajar pronto.

18–25. Copia esta carta. Subraya los verbos en tiempo condicional una vez y los verbos en modo subjuntivo dos veces.

Ejemplo: Aunque llegáramos a la montaña, ya sería de noche.
Aunque llegáramos a la montaña, ya sería de noche.

15 de enero de 2000

Querida Raquel:

Si yo pudiera viajar a México, iría a ver el volcán. Pero me daría miedo que llegara la lava hasta donde yo estuviera. Sería mejor no llegar tan cerca. Por eso no dejo que mi hermano juegue con fósforos. ¿A ti qué te gustaría hacer?

Tu amiga, Georgina

¡Ahora, a escribir!

ESCRIBIR • PENSAR • ESCUCHAR • HABLAR

EXPRESAR

Escribe una carta

Escribe una carta en la que expreses tus deseos de tener algo o de viajar a algún lugar. Usa verbos en tiempo condicional y modo subjuntivo. Lee tu carta en clase y comenta con tus compañeros los verbos que usaste.

Prueba: Unidad 3

1 **Verbos de acción** *(pág. 76)* Escribe el verbo de acción de cada oración.

1. Visité la tienda de computadoras.
2. Vi una sala llena de terminales.
3. Oí voces electrónicas.
4. Las preguntas de las computadoras me intrigaron.
5. Escribí programas informáticos.

2 **Voz activa y voz pasiva** *(pág. 78)* Escribe cada oración y subraya el verbo. Indica si está en voz activa o en voz pasiva.

6. Esa pintura fue hecha en tiempos del Renacimiento.
7. El pintor hizo un trabajo excelente.
8. Ella canta como un ruiseñor.
9. Esa pieza es cantada por todos los grupos.
10. La casa fue construida sobre la montaña.
11. Las olas del mar rompen en las rocas.
12. El agua es impulsada por el viento.

3 **Complemento directo** *(pág. 80)* Escribe el verbo de acción y el complemento directo de cada oración.

13. Carla solicitó información del Servicio de Parques Nacionales.
14. Recibió mapas y folletos.
15. Las Cavernas de Carlsbad abarcan varias millas.
16. La Cueva del Mamut atrae muchos visitantes.
17. Las Cavernas Luray en Virginia tienen columnas de muchos colores.
18. Los detalles la llenaron de curiosidad.

4 **Complemento indirecto** *(pág. 83)* Escribe cada oración. Subraya el complemento directo una vez y el complemento indirecto dos veces.

19. Le entregué un sobre con dinero a mi tía.
20. Ella me dio las gracias.
21. Le construyó una casa a su madre.
22. ¿Le has dado tu opinión sobre este asunto?
23. Eso no significa nada para mí.
24. Camarero, tráigame un café, por favor.
25. Le pusieron unas flores en la cola al caballo.

5 **Verbos transitivos e intransitivos** *(pág. 86)* Escribe los verbos de cada oración. Indica si son transitivos o intransitivos.

26. El jazz surgió en Nueva Orleans.
27. Los músicos de jazz tocaban de oído.

28. Tocaban canciones llamadas “blues”.
29. Ellos ponían toda el alma en su música.
30. Inventaron sonidos nuevos.
31. La gente bailaba al ritmo de excelentes conjuntos de jazz.
32. El mundo del jazz admiraba al gran Louis Armstrong.
33. Armstrong fue un excelente trompetista.
34. Nunca olvidaremos sus canciones.

6 **Verbos atributivos** *(pág. 89)* Escribe el verbo atributivo y el sustantivo predicativo o el adjetivo predicativo de cada oración.

35. Ana es repartidora de periódicos.
36. Está orgullosa de su trabajo.
37. Su ruta es la calle Mayor.
38. Las calles son empinadas.
39. Ana es responsable y puntual.
40. El estado del tiempo es importante para Ana.
41. A veces el tiempo está lluvioso.
42. Otras veces el aire es frío.
43. La nieve es bella.
44. La entrega a veces es un problema.
45. Sus clientes parecen muy satisfechos.

7 **Presente y futuro** *(pág. 91)* Escribe cada oración poniendo el verbo subrayado en el tiempo indicado entre paréntesis.

46. Julio <u>traer</u> los refrescos a la fiesta. (futuro)
47. Mi mamá <u>preparar</u> la comida. (presente)
48. <u>Haber</u> música para todos los gustos. (futuro)
49. Mariana <u>cumplir</u> años el próximo mes. (futuro)
50. La maestra <u>escribir</u> muy bonito. (presente)
51. Cuando sea grande <u>ser</u> doctor. (futuro)
52. Los invitados <u>comer</u> pastel. (futuro)

8 **Pretérito** *(pág. 93)* Escribe cada oración con el verbo en pretérito indefinido o pretérito imperfecto, según se indica entre paréntesis.

53. Un incendio _____ gran parte del bosque. (quemar; pret. ind.)
54. Los animales que _____ allí huyeron. (vivir; pret. imp.)
55. El fuego se _____ por todas partes. (extender; pret. ind.)
56. _____ muchos voluntarios para apagarlo. (haber; pret. imp.)
57. Los pájaros fueron los primeros que _____. (volar; pret. ind.)
58. Las tortugas _____ muy despacio. (caminar; pret. ind.)
59. Los conejos _____ más rápido. (brincar; pret. imp.)
60. Los bomberos _____ el incendio. (apagar; pret. ind.)

9 Verbos auxiliares y principales

(pág. 97) Copia cada oración. Subraya el verbo auxiliar una vez y el verbo principal dos veces.

61. Carlos fue atacado por un perro.
62. Su casa había sido construida con madera.
63. El fresno está creciendo mucho.
64. El girasol se ha secado en el invierno.
65. Los niños querían correr con el perro.
66. El perro fue castigado por sus dueños.
67. Tengo que resolver muchos problemas en mi trabajo.
68. Susana puede observar las aves todo el día.

10 Tiempos compuestos

(pág. 99) Escribe cada oración. Subraya los verbos en tiempos compuestos y escribe en qué tiempo están.

69. Él había tocado en la banda original.
70. En una hora habré caminado seis kilómetros.
71. Habíamos visto muchas piedras de ese tipo.
72. Hoy he nadado mucho.
73. Se nota que ha estudiado.
74. Mañana habrán terminado de construir.
75. ¿Han caminado mucho?

11 Verbos regulares e irregulares

(pág. 102) Escribe cada oración, utilizando la forma verbal correcta.

76. La abuela ha devolvido los pescados a la tienda.
77. Agustín andó muchas millas antes de llegar a casa.
78. He escribido un ensayo sobre las mariposas.
79. Lupe ha abrido la ventana.
80. Ese vestido no caberá en la maleta.
81. El vidrio está rompido.

12 Tiempo condicional y modo subjuntivo

(pág. 104) Escribe cada oración. Subraya los verbos en tiempo condicional una vez y los verbos en modo subjuntivo dos veces.

82. Si supiera manejar conduciría un auto nuevo.
83. Haría un pastel si tuviera los ingredientes.
84. Prometimos que nos dormiríamos temprano.
85. Quiere que pida un aumento de sueldo.
86. Si yo corriera más rápido, ella no me habría alcanzado.
87. Espera que contemos toda la historia.
88. Me iría a pescar, si tuviera el tiempo.

Examen de práctica

Escribe los números 1–4 en una hoja de papel. Lee el pasaje y escoge la mejor palabra o el mejor grupo de palabras para cada espacio en blanco. Escribe la letra de la respuesta correcta.

—¡Qué frío hace hoy! —le dijo José a su amigo Sergio frotándose las manos en la entrada de la escuela—. Anoche __(1)__ tremendo también. Los charcos en la calle estaban congelados.

—Mi mamá __(2)__ el tazón del perro dentro de la casa —respondió Sergio—. Cuando __(3)__ afuera, el agua se congeló en menos de una hora. Ahora mi perro se pasa el día echado junto a la chimenea.

José tuvo una idea.

—Oye —le dijo a su amigo—, si no __(4)__ tanto el viento, sería un buen día para ir al lago a patinar. Si el viento se calma, paso a recogerte después de clases.

1 **A** hació un frío
B hició un frío
C hecho un frío
D hizo un frío

2 **F** ha ponido
G ha pusido
H ha puesto
J ha ponado

3 **A** se lo dejó
B le se dejó
C se la dejó
D le lo dejó

4 **F** soplaba
G soplara
H soplado
J soplará

continúa ►

Examen de práctica *continuación*

Ahora escribe los números 5–6 en tu hoja. Lee el pasaje y busca las partes subrayadas y numeradas. Estas partes pueden ser:

- **oraciones incompletas**
- **uniones incorrectas**
- **oraciones correctas que se deben combinar**
- **oraciones correctas que no requieren ningún cambio**

Escoge la mejor manera de escribir cada parte subrayada y escribe la letra de la respuesta. Si no hace falta ninguna corrección, escribe la letra de "Oraciones correctas".

Nuria se sentía orgullosa de usar la ropa vieja de sus hermanas. Ella siempre heredaba la ropa. Ya no les quedaba bien a sus hermanas mayores. **(5)** Nuria admiraba mucho la inteligencia, el sentido del humor y la generosidad de sus hermanas y pensaba que era un honor usar su ropa. El día de su cumpleaños, a Nuria le regalaron un conjunto de ropa nueva. El conjunto era bonito y llamativo, ella prefería la ropa de sus hermanas. **(6)**

5 **A** Ella siempre heredaba la ropa, heredaba la ropa que ya no les quedaba bien a sus hermanas mayores.

B Ella siempre heredaba la ropa. Y heredaba la ropa que ya no les quedaba bien a sus hermanas mayores.

C Ella siempre heredaba la ropa que ya no les quedaba bien a sus hermanas mayores.

D Oraciones correctas

6 **F** Aunque el conjunto era bonito y llamativo, ella prefería la ropa de sus hermanas.

G El conjunto era bonito y llamativo, ella prefería la ropa de sus hermanas.

H Bonita y llamativa, ella prefería la ropa de sus hermanas.

J Oraciones correctas

Verbos de acción

(págs. 76–77)

- Los **verbos de acción** nos dicen qué hace, qué hizo o qué hará el sujeto de la oración.

Escribe el verbo de acción de cada oración.

Ejemplo: Mi familia tomó unas vacaciones.
tomó

1. Viajamos por la costa de Oregón.
2. Nos detuvimos en una playa con mucho viento.
3. Grandes olas rompían contra la playa.
4. Rocas enormes sobresalían de la espuma.
5. Exploramos la playa.
6. Me encanta esa estrella de mar anaranjada.

2 Voz activa y voz pasiva

(págs. 78–79)

- La voz del verbo indica si el sujeto de la oración ejecuta la acción (voz activa) o si recibe la acción (voz pasiva).

Escribe cada oración cambiándola a la voz pasiva.

Ejemplo: El gato atrapó al canario.
El canario fue atrapado por el gato.

1. Los muchachos trajeron ese cubo de arena.
2. Mi abuela hizo ese pastel de fresa.
3. Juan manejó el tractor.
4. Mañana comeré ese pastel de fresa.
5. Las olas derribarán ese castillo de arena.
6. Los muchachos construirán otro castillo.

Práctica adicional

(págs. 80–82)

3 Complemento directo

- El **complemento directo** es el sustantivo o pronombre sobre el que recae la acción del verbo.
- Para encontrar el complemento directo, busca el verbo y pregunta sobre quién o qué recae la acción.

Escribe el complemento directo de cada una de las siguientes oraciones. Si el complemento directo es *compuesto*, indícalo. No incluyas la conjunción.

Ejemplo: Los Polo trajeron joyas y riquezas de Asia.
joyas *riquezas* *compuesto*

Marco Polo

1. En 1295, Marco Polo organizó una gran fiesta.
2. Él, su padre y su tío invitaron a muchos amigos.
3. Un hombre escribió un libro sobre los viajes de Marco Polo.
4. En el libro, describió a China, Persia y Java.
5. Los viajes de Marco Polo me inspiran.

(págs. 83–85)

4 Complemento indirecto

- El **complemento indirecto** indica quién o qué recibe la acción indirecta del verbo. Se indica con las palabras ***a*** o ***para***, o con un pronombre.
- Con verbos que significan gustar o agradar, el complemento indirecto indica a quién le gusta o no le gusta lo que se menciona.

Escribe *complemento directo* o *complemento indirecto* para indicar la función de las palabras subrayadas en la oración.

Ejemplo: ¿Has felicitado a Pepe? *complemento directo*

1. A Ramiro no le gusta el nuevo maestro.
2. Alcánzale el martillo a tu papá.
3. Yo le voy a mandar a Lupe una tarjeta de felicitación.
4. Hizo esta cena sólo para ti.
5. Yo adoro a esa abuela mía.

(págs. 86–88)

5 Verbos transitivos e intransitivos

Recuerda

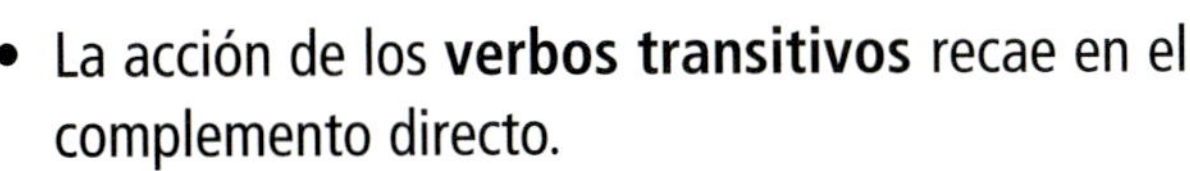

- La acción de los **verbos transitivos** recae en el complemento directo.
- Los **verbos intransitivos** no tienen complemento directo.
- Algunos verbos de acción siempre son intransitivos. Otros pueden ser transitivos o intransitivos.

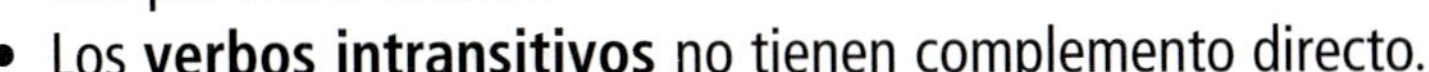

Escribe el verbo de cada una de las siguientes oraciones. Indica si es *transitivo* o *intransitivo*.

Ejemplo: Julia terminó la carrera. *terminó transitivo*

1. Corrió bien.
2. Julia bebió agua.
3. Bebió con avidez.
4. Julia ganó un premio.
5. Abrazó a su madre.
6. Su madre sonrió con alegría.
7. Los espectadores aplaudieron.

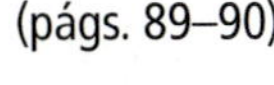

(págs. 89–90)

6 Verbos atributivos

Recuerda

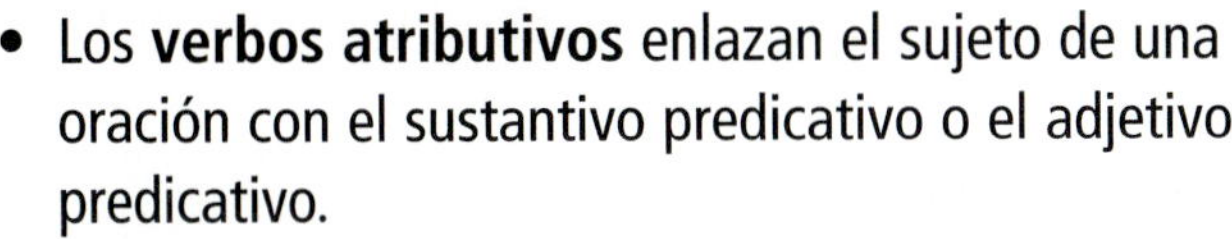

- Los **verbos atributivos** enlazan el sujeto de una oración con el sustantivo predicativo o el adjetivo predicativo.
- El **sustantivo predicativo** vuelve a nombrar o identifica al sujeto.
- El **adjetivo predicativo** describe al sujeto.

Copia cada oración y subraya el verbo atributivo. Traza una flecha desde el núcleo del sujeto hasta el sustantivo predicativo o el adjetivo predicativo.

Ejemplo: La exposición de cometas es maravillosa.

La exposición de cometas es maravillosa.

1. Las cometas son populares desde hace cientos de años.
2. Los chinos fueron los inventores de las cometas.
3. Esas cometas eran diferentes a las de hoy.
4. Las cometas antiguas quedaban bastante pesadas.
5. Las cometas modernas son fantásticas.

(págs. 91–92)

7 Presente y futuro

Recuerda

- El tiempo **presente** expresa una acción que se realiza en el momento en que se habla, que es habitual o que dura siempre.
- El tiempo **futuro** expresa una acción que ocurrirá después del momento en que se habla.

Escribe cada oración poniendo el verbo subrayado en el tiempo indicado entre paréntesis.

Ejemplo: Algunos patinadores llegar mañana. (futuro)
Algunos patinadores llegarán mañana.

1. Los locutores comentar las carreras. (presente)
2. A mi prima le gustar los gimnastas. (presente)
3. Ese boxeador ganar la pelea. (futuro)
4. Yo siempre comprar palomitas con chile. (presente)
5. El miércoles terminar las competencias. (futuro)

(págs. 93–94)

8 Pretérito

Recuerda

- El **pretérito indefinido** indica una acción ya terminada para el que habla.
- El **pretérito imperfecto** indica una acción pasada simultánea a otra también pasada, o una acción pasada cuyo principio y fin no se toman en cuenta.

Escribe las oraciones. Subraya cada verbo y escribe en qué tiempo está.

Ejemplo: El caballo estaba muy contento.
El caballo estaba muy contento. *pret. imperfecto*

1. La encontré en el establo.
2. Caminaba distraída por el sendero.
3. Ayer pasó mi amigo con un poni.
4. Antes le gustaba montar a caballo.
5. Tenía mucho talento para montar.

(págs. 97–98)

Verbos auxiliares

- Los **verbos auxiliares** se unen a otros verbos para formar **frases verbales**.
- El **verbo principal**, que por lo general es un participio o un infinitivo, expresa la acción principal de la frase verbal.

Subraya el verbo auxiliar una vez y el verbo principal dos veces.

Ejemplo: El tren se ha usado durante cientos de años.
El tren se ha usado durante cientos de años.

1. Los pioneros habían viajado en tren.
2. Los viajeros han usado este transporte por muchos años.
3. La gente quería viajar a toda velocidad.
4. La familia se había instalado allá.

(págs. 99–101)

Tiempos compuestos

- El **pretérito perfecto** se forma con el presente del verbo auxiliar *haber* y el participio del verbo principal.
- El **futuro perfecto** se forma con el futuro del verbo auxiliar *haber* y el participio del verbo principal.
- El **pluscuamperfecto** se forma con el pretérito imperfecto del verbo auxiliar *haber* y el participio del verbo principal.

Escribe cada oración. Subraya el verbo en tiempo compuesto e indica en qué tiempo está.

Ejemplo: He comido mucho.
He comido mucho. (pret. perf.)

1. Siempre había querido aprender computación.
2. ¿Habrá guardado mi archivo?
3. Habían aprendido con un maestro muy bueno.
4. ¿Has ido a ver al técnico?
5. Yo nunca había hecho nada parecido.

11 Verbos irregulares

- Los **verbos irregulares** tienen una o más formas que no siguen el patrón normal de conjugación. Estas formas hay que aprenderlas de memoria.

El verbo subrayado en cada oración está incorrecto. Escribe la oración con la forma irregular correcta del verbo.

Ejemplo: ¿Dónde <u>poniste</u> mi libro?
¿Dónde pusiste mi libro?

1. He <u>descubrido</u> un libro sobre los osos polares.
2. Mi hermana <u>andó</u> por el zoológico, pero no fue a ver los osos.
3. En la escuela <u>hacimos</u> un informe sobre los osos polares.
4. ¡Nunca he <u>escribido</u> tanto en mi vida!

(págs. 104–107)

12 Tiempo condicional y modo subjuntivo

Recuerda

- El tiempo **condicional** expresa posibilidad futura.
- En el **modo subjuntivo** los verbos expresan una acción que está subordinada a otro verbo que expresa duda, posibilidad, temor, voluntad o deseo.
- El modo subjuntivo tiene tiempos simples y tiempos compuestos.

Escribe cada oración. Subraya los verbos en tiempo condicional una vez y los verbos en modo subjuntivo dos veces.

Ejemplo: Si dijera que es verdad, mentiría.
Si <u>dijera</u> que es verdad, <u>mentiría</u>.

1. Él quiere que pida mi dinero.
2. Si no me hubiera llamado, no me habría dado cuenta.
3. Si estuviera viva, tendría 105 años.
4. Esperamos que sientas compasión.

Unidad 4

Calificativos

¿Quién es esta extraña y simpática criatura marina, que se asoma curiosamente con esa peculiar máscara?

1 Adjetivos

Busca los adjetivos. ¿Cuáles son?

> Los arbustos bajos que los rodeaban incluían a los engañosos cactos cholla, con sus espinas gruesas y ligeras.
>
> —tomado de *Pioneros del Río Grande*, de Bea Bragg

- El **adjetivo** describe o califica a un sustantivo o a un pronombre. El adjetivo puede cambiar el sentido de una oración.

  Nuestros viajes son emocionantes.
  Nuestros viajes son aburridos.

¡Fíjate!

Para determinar si una palabra es un adjetivo, pregúntate si expresa *qué tipo, cuál* o *cuántos*.

- El adjetivo tiene el mismo **género** (masculino o femenino) y **número** (singular o plural) que el sustantivo al que describe.

  Este camino es largo. Esta tarea es larga.
  Son árboles muy altos. ¡Qué bellas montañas!

- Los adjetivos indican *qué tipo, cuál* o *cuántos*.

Qué tipo	Ascendimos por senderos empinados y rocosos.
Cuál (cuáles)	Esos excursionistas llegaron a este arroyo.
Cuántos	Varios niños llevaban dos cantimploras.

- A veces los adjetivos se colocan delante del sustantivo que describen. Otras veces, se colocan después del sustantivo que describen.

  Tres hambrientos y cansados campistas regresaron a su casa.

  Los niños alegres y bulliciosos nos llamaron.

- Ya sabes que el adjetivo predicativo sigue a un verbo atributivo. El adjetivo predicativo describe el sujeto de una oración.

  Nina estaba cansada. Yo estaba ansioso por llegar a casa.

Inténtalo

En voz alta ¿Qué palabras son adjetivos?

1. Jorge construye pequeñas casas para muñecas.
2. Muchas personas las consideran atractivas y originales.
3. Algunos cuartos, pequeños e iluminados, están vacíos.
4. Pequeñas luces eléctricas brillan a través de las ventanas transparentes.
5. Esta casa en miniatura viene con ese reloj antiguo.

- El **adjetivo** es una palabra que describe o califica a un sustantivo o a un pronombre.
- El adjetivo concuerda en género y número con el sustantivo.
- El adjetivo puede decirnos *qué tipo, cuál* o *cuántos*.

Por tu cuenta

Escribe los adjetivos. Luego, escribe y subraya el sustantivo que describen.

Ejemplo: Esa bicicleta roja es hermosa.
Esa, roja, hermosa <u>*bicicleta*</u>

6. Dos vendedores nos mostraron esta bicicleta verde.
7. Otras tiendas venden bicicletas de veintisiete velocidades.
8. Las bicicletas buenas son caras.
9. Los precios son altos en todas las tiendas.
10. Los sillines acolchados son cómodos.
11. Ese modelo es el favorito de muchas personas.
12. Esa bicicleta, linda y veloz, tiene llantas anchas.

continúa ▶

Por tu cuenta continuación

13–28. Copia los 16 adjetivos de este anuncio de un sitio Web. Luego, escribe y subraya la palabra que describen.

Ejemplo: ¡Compre estas nuevas e increíbles zapatillas!
estas, nuevas, increíbles <u>*zapatillas*</u>

Web site

Zapatos para flotar entre las nubes

- ¿Le duelen esos pies cansados?
- ¿Se queda atrás cuando camina con amigos más ágiles?
- ¿Se siente débil y torpe?

Se acabaron los problemas. ¡Tenemos la solución!

Compre los zapatos "Alas para los pies" y esos pies cansados no le dolerán nunca más. Estos zapatos suaves y livianos son milagrosos. Esos pies maltratados se sentirán flotando entre las nubes. Entrará cojeando a la zapatería, pero saldrá flotando. Deje atrás a esos lentos amigos. Deslícese entre los otros peatones. Esos pies nunca más serán una carga.

¡Ahora, a escribir!

ESCRIBIR • PENSAR • ESCUCHAR • HABLAR

PERSUADIR

Escribe un anuncio publicitario

¿Qué te gustaría que se inventara? ¿Un microprocesador para tus tareas? ¿Un aparato que limpie cuartos? Escribe un anuncio para el invento de tus sueños. Usa muchos adjetivos para convencer al lector de que compre tu producto. Túrnate con un compañero para leer y comparar sus anuncios.

Práctica adicional: página 148

Escribir con adjetivos

Ampliar oraciones Ayuda al lector a entender exactamente lo que quieres decir eligiendo adjetivos precisos para describir los sustantivos. Aunque los adjetivos generalmente se colocan después de los sustantivos, puedes variar la posición para que tus oraciones sean más interesantes.

Los adjetivos nos dicen *qué tipo, cuál* y *cuántos.*

Adjetivos delante del sustantivo	Esas dos grandes masas de hielo son un obstáculo para la navegación.
Adjetivos después del sustantivo	Unas masas de hielo frías e imponentes flotaban en el mar.

Aplícalo

1–7. Ayuda al redactor de este catálogo a ampliar su descripción. Añade adjetivos para describir los sustantivos subrayados. Básate en lo que sabes sobre las bicicletas y en los detalles de la ilustración.

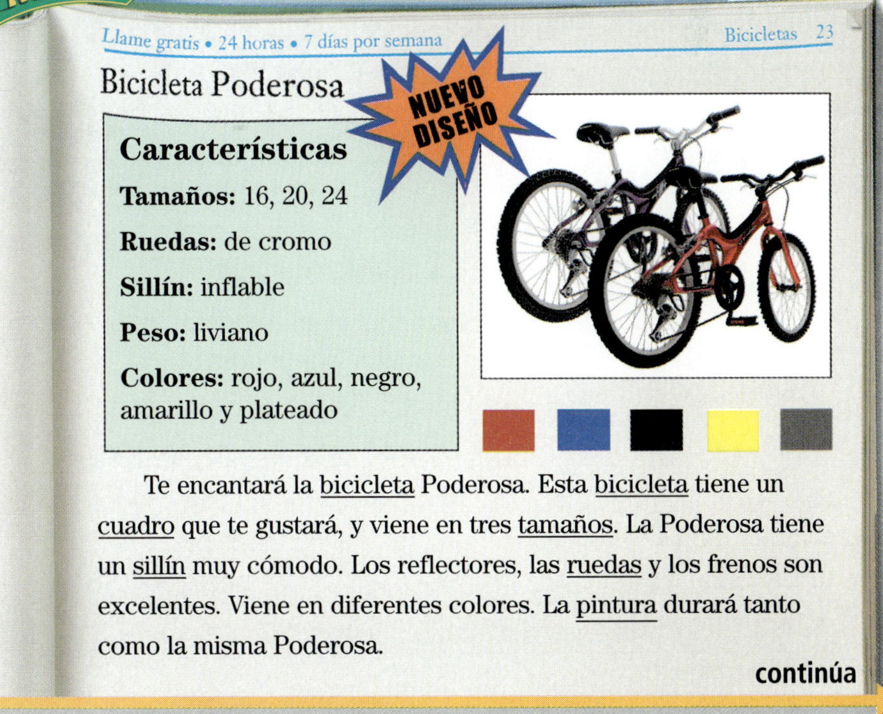

Te encantará la <u>bicicleta</u> Poderosa. Esta <u>bicicleta</u> tiene un <u>cuadro</u> que te gustará, y viene en tres <u>tamaños</u>. La Poderosa tiene un <u>sillín</u> muy cómodo. Los reflectores, las <u>ruedas</u> y los frenos son excelentes. Viene en diferentes colores. La <u>pintura</u> durará tanto como la misma Poderosa.

continúa

Combinar oraciones Al revisar tu escrito, trata de combinar detalles de diferentes oraciones en una sola oración. Puedes formar adjetivos a partir de verbos, por medio de sufijos, por ejemplo: *-dor* (de *demoler, demoledor*), *-tor* (de *mover, motor*), *-ante* (de *hablar, hablante*), *-iente* (de *seguir, siguiente*).

Poco fluido	**Más conciso y fluido**
Las subastas en la Internet son rápidas. También me emocionan.	Las subastas en la Internet son rápidas y emocionantes.

Aplícalo

8–12. Revisa este borrador de un anuncio para una subasta en la Internet. Combina las oraciones subrayadas en una sola.

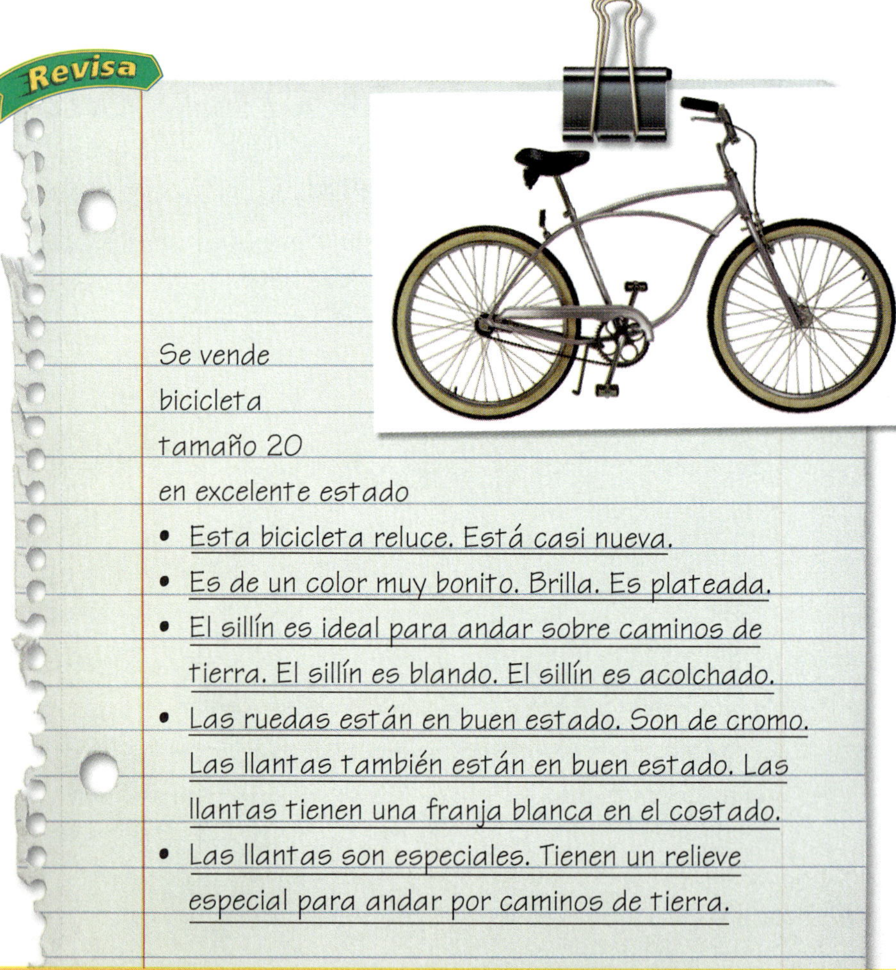

2 Comparativos y superlativos

¿Qué dos cosas se comparan en la siguiente oración? ¿Qué palabra modifica al adjetivo *larga* para hacer la comparación?

> Su espada era más larga que mi brazo y la agitaba de un lado a otro intentando librarse del anzuelo.
>
> —tomado de *Zía*, de Scott O'Dell

- Los adjetivos que indican *qué tipo* se pueden usar para comparar dos cosas. El **grado comparativo** de los adjetivos se forma casi siempre con las palabras *más* (o *menos*) y *que*.

  Pedro es más grueso que Juan.

  Juan es menos alto que Pedro.

¡Fíjate!

Para indicar que dos cosas son iguales, se usan las palabras ***tan*** y ***como***.

Pedro es ***tan*** *alto* ***como*** *Jorge.*

- El **grado superlativo** de un adjetivo se usa para expresar que tiene el máximo de la cualidad indicada. El superlativo se forma con el adverbio **muy**, la terminación ***-ísimo*** o la frase ***el más/la más***.

  Pedro es muy alto.

  Pedro es altísimo.

  Pedro es es el más alto de todos.

- Algunas palabras tienen formas especiales para el comparativo y el superlativo. Las frases ***más mejor***, ***más mayor***, ***más menor*** y ***más peor*** son incorrectas y no deben usarse.

Formas especiales

Adjetivo	Comparativo	Superlativo
bueno	mejor	óptimo
malo	peor	pésimo
grande	mayor	máximo
pequeño	menor	mínimo

Inténtalo

En voz alta Lee cada oración completándola con una palabra del cuadro.

menos	tan	como	más	que

1. El durazno es más dulce ____ las uvas.
2. Las uvas son ____ redondas como las cerezas.
3. La naranja es ______ agria que el limón.
4. La cascara de manzana es ____ delgada que la de plátano.
5. Los duraznos son tan dulces _____ las manzanas.

- Los **comparativos** se forman con las palabras ***más*** (o ***menos***)/***que*** o ***tan***/***como***.
- Los **superlativos** se forman con ***muy***, con ***-ísimo***, o con ***el***/***la más***.
- Los adjetivos ***bueno***, ***malo***, ***grande*** y ***pequeño*** tienen foramas especiales del comparativo y superlativo.

Por tu cuenta

Escribe una oración con cada sustantivo y adjetivo. Pon el adjetivo en el grado indicado entre paréntesis.

Ejemplo: comida sabrosa (superlativo)
Mi abuela nos sirvió una comida sabrosísima.

6. sillón grande (comparativo—menos)
7. cama cómoda (superlativo)
8. silla frágil (comparativo—tan)
9. reparación mala (superlativo)
10. mesa alta (comparativo—menos)
11. examen difícil (superlativo)
12. buena maestra (comparativo—más)
13. edificio grande (comparativo—más)

Práctica adicional: página 148

Gramática

3 Artículos y adjetivos demostrativos

Para comenzar

¿Qué palabra modifica al sustantivo *medicina* en la siguiente cita? ¿Cuál modifica al sustantivo *té*?

> —Ah, esto es mejor que la medicina del médico —dijo—. Con este té me voy a mejorar.
>
> —tomado de *Los farolitos de Navidad*, de Rudolfo Anaya

- Los **artículos** siempre van antes de los sustantivos a los que califican. A veces un adjetivo interviene entre el artículo y el sustantivo.

  La pelota rodó a un viejo cobertizo.

- Los artículos que se refieren a algo específico de forma definida se llaman **artículos definidos** *(el, la, los, las)*. Los artículos que se refieren a algo de forma indefinida se llaman **artículos indefinidos** *(un, una, unos, unas)*.

  Dame el libro de ciencias. Hay un libro de ciencias aquí.

- Los adjetivos que indican *cuál* se denominan **adjetivos demostrativos**. Indican la posición del sustantivo con respecto a los hablantes.

  Este libro es mejor que esa revista.

  Aquel sillón es más cómodo que esta silla.

  Esos dulces son para aquellos niños.

- Los adjetivos demostrativos *este, esta* indican algo que se encuentra cerca. Los adjetivos demostrativos *ese, esa, aquel, aquella* indican algo que se encuentra a más distancia.

Adjetivos demostrativos		
Singular	este, esta	ese, esa, aquel, aquella
Plural	estos, estas	esos, esas, aquellos, aquellas

Inténtalo

En voz alta Elige la palabra entre paréntesis que complete correctamente la oración.

1. (Un, El) molino de nuestra casa es muy viejo.
2. (Unas, Las) aspas aún giran si sopla (el, un) viento fuerte.
3. (Esta, Aquella) forma de energía ha sido reemplazada por otras más nuevas.
4. (Estos, Esos) aparatos nuevos son mejores.

- Los **artículos** van antes del sustantivo. Los artículos **definidos** son *el, la, los, las.* Los artículos **indefinidos** son *un, una, unos, unas.*
- Los **adjetivos demostrativos** indican *cuál. Este, esta* y sus plurales indican cosas que se encuentran cerca; *ese, esa, aquel, aquella* y sus plurales indican cosas que se encuentran más lejos.

Por tu cuenta

Escribe el artículo o el adjetivo demostrativo que complete mejor cada oración.

Ejemplo: Vi (un, el) cuadro increíble en el museo. *un*

5. El museo presentó (una, la) maravillosa exhibición.
6. En muchos de (los, unos) cuadros no aparecen personas.
7. ¿Conoces la obra de (este, ese) pintor del que hablábamos ayer?
8. Edward Hopper es (el, un) pintor estadounidense muy admirado.
9. Le gustaba pintar (unas, las) calles de Nueva York.
10. Vi la obra de Hopper en (el, un) Museo de Arte Moderno.

continúa ▶

Por tu cuenta continuación

11. (Estas, Esas) personas en aquel cuadro parecen tristes.

12. Hopper a menudo usa (la, una) luz fuerte en sus cuadros.

13. De (estos, aquellos) tres cuadros de aquí, prefiero éste.

14–25. Esta sección de una carta tiene 12 artículos o adjetivos demostrativos incorrectos. Escribe la carta correctamente.

Ejemplo: Estoy pintando estas flores que se ven a lo lejos.
Estoy pintando aquellas flores que se ven a lo lejos.

Corrige

Estamos en Holanda. Ese país es maravilloso. Había leído sobre los tulipanes holandeses, pero es increíble poder ver cientos de aquellas flores. Tengo el tulipán rojo en la mano, y es hermosa esa flor.

¿Recuerdas este libro que nos gustaba tanto, con estas fotos de molinos de viento? Pues bien, estos molinos son como los que se ven aquí. Quiero pintar todos aquellos paisajes que veo. He comenzado a pintar el cuadro de uno viejo molino de viento y otro de una jardín de tulipanes. Creo que esos cuadros serán mis mejores obras.

¡Ahora, a escribir!

ESCRIBIR • PENSAR • ESCUCHAR • HABLAR

DESCRIBIR

Escribe una carta

Imagínate un lugar que te haya gustado mucho: un parque, una montaña, una casa especial, una ciudad. Escríbele una carta a un amigo describiendo el lugar y explicándole por qué te gustó tanto. Usa adjetivos demostrativos. Júntate con un compañero y léanse las cartas. ¿Son parecidos sus lugares favoritos?

Práctica adicional: página 149

Gramática

4 Adjetivos posesivos

¿Qué adjetivos indican a quién le pertenece cada desayuno?

El desayuno tuyo no está empezado.

Mi desayuno ya está terminado.

- Se llama **adjetivos posesivos** a los adjetivos como ***mi, mío, tu*** y ***tuyo*** que indican posesión o pertenencia.
- Los adjetivos posesivos tienen distintas formas según la persona a la que se refieran y según si aparecen antes o después del sustantivo que describen en la oración.

Esos huevos fritos son míos.

Mi mamá me los preparó.

Formas de los adjetivos posesivos		
Persona	**Antes del sustantivo**	**Después del sustantivo**
yo	mi	mío
tú	tu	tuyo
él/ella/usted	su	suyo
nosotros	nuestro	nuestro
vosotros	vuestro	vuestro
ellos/ellas/ustedes	su	suyo

¡Fíjate!

Recuerda que, como todos los adjetivos, los adjetivos posesivos deben concordar en género y número con el sustantivo.

Inténtalo

En voz alta Lee las oraciones y di cuáles son los adjetivos posesivos.

1. En las vacaciones volamos en el avión de nuestros tíos.
2. Fui con mis primos.

Inténtalo continuación

3. Saltamos con los paracaídas suyos.
4. Tu paracaídas se abrió muy rápido.
5. Yo abrí el paracaídas mío al último minuto.

- Se llaman **adjetivos posesivos** los adjetivos como ***mi, mío, tu*** y ***tuyo*** que indican posesión o pertenencia.
- Los adjetivos posesivos tienen distintas formas según la persona a la que se refieran y según si aparecen antes o después del sustantivo que describen en la oración.

Por tu cuenta

Escribe las oraciones y complétalas escogiendo la forma correcta del adjetivo posesivo.

Ejemplo: Mónica cantó. (Su, suya) voz es muy bonita.
Mónica cantó. Su voz es muy bonita.

6. Todos organizaremos una fiesta en (mío, mi) colegio.
7. Mi amiga y yo tenemos ranas. La rana (sua, suya) se llama Carlota.
8. La rana (mía, miya) no salta muy alto.
9. Me gustan (su, sus) manchas verdes.
10. Carlota se impulsa con (suyas, sus) largas patas.
11. ¿Dónde está la rana (tua, tuya)?
12. La rana (mi, mía) es más bonita que la tuya.
13. Vamos a inscribir (nosotras, nuestras) ranas en un concurso.
14. ¿Quieren ustedes inscribir las (ustas, suyas) también?
15. Aunque esta ranita (de mí, mía) no salte muy bien, la quiero mucho.

continúa ▶

Por tu cuenta continuación

16–26. En este retrato hay once adjetivos posesivos incorrectos. Escribe el retrato correctamente.

Ejemplo: Mío abuelo es un personaje interesante.
Mi abuelo es un personaje interesante.

Mi abuelo

Mío abuelo es pequeño de estatura, pero suya voz es clara y potente. La voz de sú tiene más autoridad que la voz de la mayoría de los hombres grandes. Con su gran voz, mi abuelo nos cuenta historias del pasado de nosotra familia. Nos narra las travesuras de su hermano (el tío abuelo de mí, a quien nunca conocí). También nos cuenta las dificultades que tuvieron suyos padres con la finca dellos en Nuevo México. Las reuniones y fiestas nostras no serían las mismas sin ese abuelo allí para contarnos nuestro historia. Espero que en la familia de tú haya un abuelo u otro personaje igual para conectarte con tuyo pasado.

¡Ahora, a escribir!

ESCRIBIR • PENSAR • ESCUCHAR • HABLAR

DESCRIBIR

Escribe una retrato

Escribe una descripción breve de un familiar o un amigo. Describe alguna cualidad especial de esa persona o algo que hace de una manera particular o memorable, por ejemplo, contar chistes o cantar o cocinar bien. Usa adjetivos posesivos. Trata de hacer que tu lector aprecie a esa persona igual que la aprecias tú. Luego reúnete con un grupo pequeño para compartir sus retratos.

Práctica adicional: página 149

Gramática

5 Adverbios

¿Qué gritó Tomás? ¿Cómo lo gritó? ¿Qué más hubiera podido decir Tomás y cómo?

"¡Fuego!" gritó Tomás angustiadamente.

Un **adverbio** es una palabra que califica a un verbo, a un adjetivo o a otro adverbio. Los adverbios que califican a los verbos responden a las siguientes preguntas: *¿cómo? ¿dónde? ¿cuándo?* Cuando un adverbio modifica a un adjetivo o a otro adverbio, nos dice *hasta qué punto.* Muchos adverbios terminan en *-mente.*

Cómo: Alma se marchó rápidamente.

Dónde: Fue allí.

Cuándo: Después regresó.

Hasta qué punto: Una muchedumbre bastante grande se congregó muy rápidamente.

¡Fíjate!

Para identificar el adverbio, pregúntate *¿cómo? ¿dónde?* o *¿cuándo?* en relación con el verbo, y *¿hasta qué punto?* en relación con el adjetivo o el adverbio.

Inténtalo

En voz alta Busca los adverbios. ¿A qué clase de palabras están calificando?

1. Ayer hicimos las maletas para el viaje.
2. Disfruté mucho nuestro viaje a las playas.
3. Nuestro viaje fue bastante largo.
4. Mamá manejó muy cuidadosamente.
5. Nos sentíamos completamente seguros.
6. Papá siempre consultaba los mapas.

- Un **adverbio** puede modificar a un verbo, a un adjetivo o a otro adverbio. Muchos adverbios terminan en *-mente.*
- Un adverbio que modifica a un verbo generalmente nos dice *cómo, dónde* o *cuándo.*
- Un adverbio que modifica a un adjetivo o a otro adverbio generalmente nos dice *hasta qué punto.*

Por tu cuenta

Escribe cada adverbio. Luego, escribe y subraya la palabra a la cual modifica. Por último, escribe si la palabra modificada es un *verbo, adjetivo* o *adverbio.*

Ejemplo: El fotógrafo estaba muy contento.
muy, contento *adjetivo*

7. Tomó muchas fotografías muy vistosas.
8. Después fue a revelarlas.
9. Reveló todas sus fotografías cuidadosamente.
10. Esperó muy emocionado poder verlas.
11. Estaba algo impaciente mientras esperaba.
12. Finalmente, pudo observar las fotografías.
13. Estudió muy seriamente todas las fotos.
14. Una de ellas tenía colores especialmente vivos.
15. Un bello paisaje marino atrajo rápidamente su atención.
16. La señorita Ramos quería ganar un concurso fotográfico extremadamente importante.
17. Examinó detenidamente las mejores fotos de su colección.
18. Salió algo tarde de su casa pero llegó a tiempo.

continúa ▶

Por tu cuenta continuación

19. Los demás concursantes habían llegado más temprano.
20. Cada participante podía ocupar casi toda una pared.
21. La señorita Ramos escogió la que quedaba más cerca de la entrada.
22. Los jueces podían así ver sus fotos antes que las demás.
23. La señorita Ramos ganó el concurso fácilmente.
24. Se puso sumamente contenta cuando le dieron el premio.
25. Siempre recordará ese día.

26–31. Estos pies de foto tienen seis adverbios. Identifica cada adverbio y la palabra a la que modifica. Indica si ésta es un verbo, un adjetivo u otro adverbio.

Ejemplo: Raúl parece totalmente feliz.
totalmente, feliz adjetivo

Luis posa muy cuidadosamente para el fotógrafo.

La cámara fotográfica captó fielmente su expresión.

El ocaso de colores muy vivos era realmente increíble.

El cielo comenzaba a ponerse bastante oscuro.

¡Ahora, a escribir!

ESCRIBIR • PENSAR • ESCUCHAR • HABLAR

REFLEXIONAR

Escribe pies de fotos

¿Qué experiencias te gustaría recordar? Dibuja o recorta ilustraciones que representen esos momentos. Escribe un pie de foto explicando por qué es importante. Incluye adverbios que modifiquen verbos, adjetivos y otros adverbios. Léele tu trabajo a un compañero y pregúntale qué detalle es el más gráfico.

Práctica adicional: página 150

Escribir con adverbios

Ampliar oraciones Los adverbios completan una imagen en la mente del lector. Cuando usamos adverbios para modificar verbos, adjetivos u otros adverbios, agregamos detalles. Recuerda que puedes variar la posición de los adverbios.

Adverbio que modifica a un verbo	Juan se para delante del árbol.
Adverbio que modifica a un adverbio	Teresa enfoca su cámara fotográfica muy cuidadosamente.
Adverbio que modifica a un adjetivo	Este parque es particularmente hermoso en la primavera.

Aplícalo

1–6. Amplía las descripciones de estos pies de fotos. Agrega un adverbio que modifique a cada palabra subrayada. Usa los detalles de las fotos.

Revisa

Concurso de fotografía del Club Fotográfico Escolar

El perro curioso escarba en el jardín.

Ramón, resuelto a ganar la carrera, sigue nadando.

Los coloridos globos se elevaron silenciosamente en el aire.

La pequeña Rebeca dormía profundamente en los brazos de la abuela.

Combinar oraciones Al revisar tus escritos, fíjate si diste diferentes detalles en distintas oraciones. Combina esas oraciones para formar una oración más detallada. A veces es buena idea cambiar un adjetivo por un adverbio.

Poco fluido

La fotografía mostraba el laboratorio de ciencias. La foto era clara. La señora García trabajaba en el laboratorio. Trabajaba con afán. Trabajaba con cuidado.

Más conciso y fluido

La fotografía mostraba claramente el laboratorio de ciencias. La señora García trabajaba afanosa y cuidadosamente.

Aplícalo

7–12. Revisa el borrador de este ensayo. Combina cada par de oraciones subrayadas usando adverbios.

Cuando uses dos o más adverbios terminados en *-mente* suprime la terminación en todos menos el último.

Revisa — Ensayo

Si me prestan una cámara, le tomaré una foto a la señora García, nuestra maestra de ciencias. La señora García siempre habla en voz baja. Nos habla con alegría. Se ve que le gusta mucho enseñar. Le gusta ayudar a sus alumnos. Eso es obvio. Ayuda a todos los que la necesitan. La señora García nos motiva a hacer preguntas serias. Nos motiva todo el tiempo.

En la clase, la señora García nos presenta los problemas científicos de forma muy clara. Luego hablamos sobre los problemas y tratamos de resolverlos. Nos ayuda. Es amable.

La señora García ha cambiado la manera en que aprendemos las ciencias. Gracias a ella, sabemos cómo estudiar. Estudiamos de forma eficaz. Su influencia va más allá de las ciencias. Nos inspira a aprender y a divertirnos. Su inspiración es constante. ¡Es una maestra excelente!

6 ¿Adjetivo o adverbio?

¿Qué errores tienen las siguientes oraciones? ¿Cómo puedes corregirlas?

Elena generalmente juega bueno al fútbol. Pero justo ayer se lastimó la rodilla, y hoy corre bastante malo.

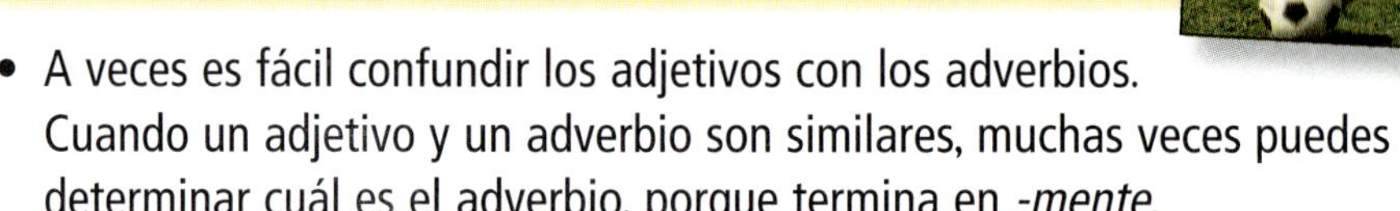

- A veces es fácil confundir los adjetivos con los adverbios. Cuando un adjetivo y un adverbio son similares, muchas veces puedes determinar cuál es el adverbio, porque termina en *-mente.*

Adjetivo	Adverbio
bueno	bien
malo	mal
rápido	rápidamente
dulce	dulcemente

AYUDA ¡Fíjate!

- Los adjetivos describen a sustantivos y nos dicen *qué tipo, cuál* o *cuántos.*
- Los adverbios describen a verbos, adverbios, o adjetivos y nos dicen *cómo, dónde* o *cuándo, o hasta qué punto.*

- Recuerda: los adjetivos modifican a los sustantivos y pronombres. Los adverbios modifican a los verbos, a los adjetivos y a otros adverbios.

Incorrecto: Caminamos rápido por la pradera.

Correcto: Caminamos rápidamente por la pradera.

- A veces, parece que el adjetivo se usa como adverbio.

Andrés caminó triste por las calles.

Pero, en realidad, se trata de un adjetivo predicativo, que califica al sustantivo (y concuerda en género y número con él).

Andrés caminó triste por las calles.

- Hay palabras que pueden funcionar como adjetivos o como adverbios.

Quiero mucho a mi hermanito. (adverbio)
Me has dado mucha comida. (adjetivo)

Inténtalo

En voz alta Elige la palabra entre paréntesis que complete correctamente cada oración.

1. Los miembros de la banda marcharon (rápido, rápidamente).
2. Sin embargo tocaron (torpe, torpemente).
3. La gente aplaudía (alegres, alegremente) desde las ventanas.
4. Cuando Julia llegó a casa comió (rápido, rápidamente).
5. Luego ella se acostó (cómodo, cómodamente) en su cama.

- Usa **adjetivos** para modificar sustantivos y pronombres.
- Usa **adverbios** para modificar verbos, adjetivos y otros adverbios.
- Palabras como *rápido* y *lento* son adjetivos. No deben usarse como adverbios.

Por tu cuenta

Escribe la palabra entre paréntesis que complete correctamente cada oración. Luego, indica si la palabra es un adjetivo o un adverbio.

Ejemplo: La autora no escribió (rápido, rápidamente) el libro.
rápidamente *adverbio*

6. Ella debe sentirse (orgullosa, orgullosamente) de sus logros.
7. La autora planeó (cuidadoso, cuidadosamente) la trama del libro.
8. Describió (hábiles, hábilmente) todas las escenas.
9. Crear obras de este calibre no es (sencillo, sencillamente).
10. Los autobuses andaban (lento, lentamente).
11. Llegó (exacto, exactamente) cuando estaban por salir.
12. Las señoras salieron del teatro (primeros, primero).

continúa ▶

Por tu cuenta continuación

13–22. Esta sección de un informe de estudios sociales tiene 10 adjetivos o adverbios incorrectos. Escribe correctamente el informe.

Ejemplo: Juana de Arco mostró una habilidad notablemente en la guerra.
Juana de Arco mostró una habilidad notable en la guerra.

Corrige

Una heroína francesa

En 1428, Juana de Arco tenía dieciséis años. Las fuerzas francesas estaban perdiendo lento frente a los ingleses. Juana fue rápido en auxilio de Francia. Primero, los líderes franceses no la escucharon serio. Pensaban que Juana se comportaba muy extraño. Finalmente, Juana se puso al mando de un grupo de soldados. Combatieron hábil y ganaron una batalla importante. Ella estaba convencida de que era una causa justamente. Al final, sin embargo, el rey la trató malo. Fue sometida a un injustamente juicio. Juana se defendió valientemente, pero fue condenada a muerte. Demostró un considerablemente coraje. Hoy en día, Francia trata muy respetuoso su memoria. Es una heroína nacional.

¡Ahora, a escribir!

ESCRIBIR • PENSAR • ESCUCHAR • HABLAR

EXPRESAR

Escribe una carta

¿Qué tipo de persona es un héroe? ¿Son todos los héroes iguales a Juana de Arco? Da un ejemplo de lo que crees que se necesita para ser un verdadero héroe. Escribe tus ideas en una carta al periódico de tu escuela o de tu ciudad. Usa adjetivos y adverbios. Túrnate con un compañero para leer las cartas que han escrito. Comparen los ejemplos que han dado.

Práctica adicional: página 150

Prueba: Unidad 4

1 Adjetivos *(pág. 120)* Escribe cada adjetivo y la palabra a la cual describe.

1. Alejandra es popular en las fiestas.
2. Es una artista muy talentosa.
3. Toca un pequeño tambor.
4. Toca dos enormes platillos resplandecientes.
5. Da conciertos tanto grandes como pequeños.
6. Su gran talento cautiva a todos.
7. Alejandra se unirá a la nueva orquesta de su escuela.

2 Comparativos y superlativos *(pág. 125)* Escribe *comparativo* o *superlativo* para indicar el grado de comparación del adjetivo subrayado en cada oración.

8. El coche de mi papá es <u>rapidísimo</u>.
9. El coche de mi papá es <u>mejor</u> que el de tu papá.
10. Tu casa es <u>grandísima</u>.
11. El coche de tu papá es más <u>nuevo</u> que el de mi papá.
12. Tu hermano es <u>menor</u> que mi hermano.
13. Es la cantidad <u>mínima</u> de dinero que hace falta para vivir.
14. La última presentación de la obra fue la <u>peor</u> de todas.

3 Artículos y adjetivos demostrativos *(pág. 127)* Elige el artículo o el adjetivo demostrativo correcto.

15. ¿Qué tipo de animal tienes: (un, el) perro o (el, un) gato?
16. Mi animal es (este, aquel) gato que está allí sobre la cerca.
17. Yo quiero comprar (el, un) hámster de que te hablé.
18. En cambio, yo quisiera (los, unos) conejos como aquéllos que vimos.
19. (Aquellas, Estas) loras que ves aquí son mías.
20. (Éstas, Ésas) que están allí son de mi hermano.

4 Adjetivos posesivos *(pág. 130)* Escribe cada oración y subraya los adjetivos posesivos.

21. Llegué temprano a mi casa.
22. ¿Te fuiste con su papá?
23. Hoy llevaré mis patines al parque.
24. Le presté el libro mío a María.
25. Los boletos suyos son para Suiza.
26. Mamá llevó nuestros patines a reparar.
27. Los patines míos estarán listos mañana.

5 Adverbios *(pág. 133)* Escribe cada adverbio y la palabra a la cual modifica. Indica si esa palabra es un verbo, un adjetivo u otro adverbio.

28. La semana transcurrió muy lentamente.
29. Luis estaba medio aburrido.
30. Siempre le había gustado visitar el jardín zoológico.
31. Se dirigió allí corriendo rápidamente.
32. Primero vio los monos.
33. Uno de ellos era muy feo.

6 ¿Adjetivo o adverbio? *(pág. 138)* Elige el adjetivo o el adverbio que corresponda.

34. Luisa prepara todo lo necesario (rápido, rápidamente).
35. Vigila la cocina (cuidadoso, cuidadosamente).
36. Mide todos los ingredientes (primero, primeros).
37. Luego los mezcla (hábiles, hábilmente).
38. Prepara muy (bien, bueno) todos los platos.
39. También crea platos originales que son (deliciosos, deliciosamente).

Repaso mixto 40–49.
El siguiente informe meteorológico tiene diez errores en el uso de adjetivos, artículos y adverbios. Escríbelo correctamente.

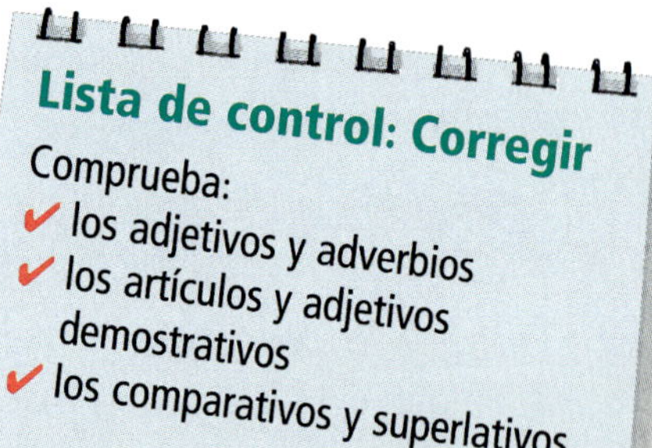

Corrige

El pronóstico de la semana

WTHR NOTICIAS

¡Buenos días! El tiempo ha sido mal y mucha gente se ha enfermado. Hoy por fin nos ha tocado la hermosa mañana. No verán muchas nubes, y el sol brillará intensa todo el día. Lamentablemente, hoy será el más buen día de la semana. Una tormenta fuerte se desplaza lento hacia nosotros desde el norte. Esta noche, las nubes llegarán más rápido. La precipitación será más peor alrededor de la medianoche, con truenos, relámpagos y fuertemente vientos.

Mañana el tiempo será aún más malo que anoche. No salgan, y conduzcan muy cuidadoso.

Examen de práctica

Escribe los números 1–2 en una hoja de papel. Lee el pasaje y busca las partes subrayadas y numeradas. Estas partes pueden ser:

- **oraciones incompletas**
- **uniones incorrectas**
- **oraciones correctas que se deben combinar**
- **oraciones correctas que no requieren ningún cambio**

Escoge la mejor manera de escribir cada parte subrayada y escribe la letra de la respuesta. Si no hace falta ninguna corrección, escribe la letra de "Oraciones correctas".

A Miguel le encantaba el reloj antiguo del comedor. Era un reloj viejo. El reloj había pertenecido a su bisabuela Ernestina. **(1)** Su mamá había heredado esta joya familiar cuando su bisabuela murió. Cada hora, sin falta, el reloj marcaba la hora. Daba suaves campanadas. **(2)** A veces, cuando Miguel no podía dormir o se despertaba en la noche, el tic tac del reloj lo arrullaba y se volvía a dormir.

1
- **A** Era un reloj viejo, había pertenecido a su bisabuela Ernestina.
- **B** Era un reloj viejo que había pertenecido a su bisabuela Ernestina.
- **C** El reloj era un reloj viejo. El reloj había pertenecido a su bisabuela Ernestina.
- **D** Oraciones correctas

2
- **F** Cada hora, sin falta, el reloj marcaba la hora con suaves campanadas.
- **G** Con suaves campanadas, el reloj marcaba la hora. Cada hora sin falta.
- **H** Cada hora con suaves campanadas sin falta el reloj marcaba la hora.
- **J** Oraciones correctas

continúa ▶

Examen de práctica *continuación*

Ahora escribe los números 3–6 en tu hoja. Lee el pasaje y escoge la mejor palabra o el mejor grupo de palabras para cada espacio en blanco. Escribe la letra de la respuesta correcta.

Felipe no conoce otro país más interesante que Islandia. A pesar de que __(3)__ es sólo una pequeña isla, sus ciudades son muy bulliciosas y tienen modernos edificios. Los vehículos __(4)__ y hay embotellamientos de tránsito igual que en otras grandes ciudades del mundo. Reykjavik es la ciudad principal y la capital del país. El idioma de los islandeses suena parecido al ruso, pero __(5)__ es muy distinto. Felipe también ha estudiado su historia. Dice que es asombroso cómo sus habitantes han soportado __(6)__ desastres naturales, las enfermedades y el hambre.

3 **A** esto país
B este país
C éste país
D esta país

4 **F** circulan más lento
G circulan lento
H circulan muy lento
J circulan lentamente

5 **A** su alfabeto
B suyo alfabeto
C su alfabeto de ellos
D sus alfabeto

6 **F** los más peores
G los peorísimos
H los peores
J los más malos

Unidad 1: La oración

Tipos de oraciones *(pág. 10)* Agrega la puntuación correcta a cada oración. Escribe si la oración es *enunciativa, interrogativa, imperativa* o *exclamativa.*

1. El gatito está jugando con el estambre
2. Por qué te gustaría tener un gato
3. Qué lindo es el gatito
4. No dejes que se suba a la mesa

Sujetos y predicados compuestos *(págs. 22, 25)* Escribe las partes del sujeto o predicado compuesto.

5. Los carpinteros martillan clavos o lijan madera.
6. Álvaro mide una pieza de madera y la corta a la mitad.
7. Álvaro y Roberto tienen mucha experiencia.
8. Mi hermano y yo los ayudamos.

Fragmentos y uniones incorrectas *(pág. 40)* Corrige cada fragmento o unión incorrecta.

9. Voy a la biblioteca recojo un libro.
10. Me gustan los libros de misterio me gusta leerlos despacio.
11. Misterio interesante y resuelto al final.
12. Libro divertido con una buena historia.

Unidad 2: Sustantivos

Masculinos y femeninos *(pág. 62)* Escribe la forma correcta del sustantivo entre paréntesis.

13. La _____ vive en un hermoso palacio. (rey)
14. Con ella vive su hija, la _____ Aurora. (príncipe)
15. Aurora es _____ de medicina. (estudiante)
16. Ella quiere ser _____ algún día. (doctor)

Singular y plural *(pág. 64)* Escribe la forma correcta del sustantivo entre paréntesis.

17. Todos los _____ vamos a visitar a mis abuelos. (viernes)
18. Ellos tienen varios _____ de fotos. (álbum)
19. Mi abuela tiene una pecera llena de _____ de colores. (pez)
20. En su jardín vimos dos _____. (colibrí)

Unidad 3: Verbos

Complemento directo *(pág. 80)* Escribe el verbo de acción y el complemento directo de cada oración.

21. Hoy aprendí la leyenda de Atlantis.
22. La misteriosa isla contenía un gran imperio.
23. Terremotos e inundaciones la destruyeron.
24. El mar se tragó a Atlantis en tan sólo un día.

Verbos transitivos e intransitivos *(pág. 86)* Escribe el verbo de cada oración y si es transitivo o intransitivo.

25. Mi reloj es viejo.
26. Un joyero repara relojes.
27. El Sr. Márquez limpió mi reloj.
28. Ahora, el reloj funciona bien.

Verbos atributivos *(pág. 89)* Escribe el verbo atributivo y el sustantivo predicativo o el adjetivo predicativo de cada oración.

29. Pedro es estudiante en una escuela de cocina.
30. Algún día será un gran cocinero.
31. Este platillo parece muy sabroso.
32. La comida sabe muy buena.

Presente, pretérito y futuro *(págs. 91, 93)* Escribe cada oración poniendo el verbo entre paréntesis en el tiempo que corresponda.

33. El año pasado, Olga _____ a sus primos en Puerto Rico. (visitar)
34. Actualmente, Olga _____ en la ciudad de Nueva York. (vivir)
35. Sus primos _____ a Nueva York el año que viene. (ir)
36. Olga se _____ a Puerto Rico en el futuro. (mudar)

Verbos auxiliares y principales *(pág. 97)* Escribe la frase verbal de cada oración. Subraya el verbo auxiliar una vez y el verbo principal dos veces.

37. Andrea ha ganado un concurso de fotografía.
38. Sus fotos fueron tomadas al amanecer.
39. El premio le será entregado la próxima semana.
40. Andrea se ha puesto muy contenta.

Tiempos compuestos *(pág. 99)* Subraya los verbos de las siguientes oraciones y di en qué tiempo están.

41. La maestra nos había encargado un proyecto especial.
42. Hemos trabajado mucho.
43. Mañana habremos terminado la tarea.

Verbos regulares e irregulares *(pág. 102)* Corrige las siguientes oraciones.

44. El carro de mamá se ha descomponido.
45. El mecánico me ha decido que estará listo el miércoles.
46. Ayer andé a casa de mis primos.

Unidad 4: Calificativos

Adjetivos *(pág. 120)* Escribe cada adjetivo.

47. Esta conocida obra musical fue escrita por un excelente músico.
48. Ese famoso compositor escribe hermosas canciones.
49. Algunas canciones son alegres y rápidas.
50. Otras canciones, lentas y tristes, son bonitas también.

Comparativos y superlativos *(pág. 125)* Elige el comparativo o superlativo correcto.

51. Hugo es el (más bueno, mejor) corredor de la escuela.
52. Corre (mucho rápido, rapidísimo).
53. Su hermano (más menor, menor) también practica ese deporte.

Artículos y adjetivos demostrativos *(pág. 127)* Elige el artículo o adjetivo demostrativo correcto.

54. (Un, El) verano pasado fuimos a México.
55. (Ese, Aquel) país tiene grandes bellezas naturales.
56. (Los, Las) playas del Pacífico son muy hermosas.

Adjetivos posesivos *(pág. 130)* Escribe cada oración. Subraya los adjetivos posesivos.

57. Los tíos míos tienen una granja.
58. Vimos unas gallinas y sus pollitos.
59. Nuestra familia ama a los animales.

Adverbios *(pág. 133)* Escribe los adverbios.

60. El narrador contó una historia muy extraña.
61. Habló misteriosamente.
62. La historia era bastante tenebrosa.
63. Yo me quedé totalmente sorprendida al final.

¿Adjetivo o adverbio? *(pág. 138)* Escribe el adjetivo o adverbio correcto.

64. Rosa corrió (rápido, rápidamente).
65. Fue la (primeramente, primera) en llegar a la meta.
66. Todos la aplaudieron (fuertemente, fuerte).

(págs. 120–122)

1 Adjetivos

- El **adjetivo** es una palabra que describe o califica a un sustantivo o a un pronombre.
- El adjetivo concuerda en género y número con el sustantivo.
- El adjetivo puede decirnos *qué tipo, cuál* o *cuántos*.

Usa los siguientes adjetivos para formar oraciones. Traza una flecha desde el adjetivo hasta el sustantivo o el pronombre que cada adjetivo describe.

Ejemplo: picantes *Los pimientos picantes me hacen llorar.*

1. doce
2. sospechoso
3. hambriento
4. imprudente
5. pequeño
6. esos
7. premiado
8. desdentado

(págs. 125–126)

2 Comparativos y superlativos

- Los comparativos se forman con las palabras ***más*** (o ***menos***)/***que*** o ***tan***/***como***.
- Los superlativos se forman con ***muy***, con ***-ísimo*** o con ***el***/***la más***.
- Los adjetivos ***bueno***, ***malo***, ***grande*** y ***pequeño*** tienen formas especiales del comparativo y superlativo.

Escribe una oración con cada sustantivo y adjetivo. Pon el adjetivo en el grado indicado entre paréntesis.

Ejemplo: ciudad hermosa (superlativo)
Visitamos una ciudad hermosísima.

1. Miami bonito (comparativo—más)
2. playas llenas (comparativo—menos)
3. hoteles bellos (superlativo)
4. aguas claras (comparativo—tan)
5. clima soleado (superlativo)
6. pesca buena (comparativo—tan)

Miami, Florida

(págs. 127–129)

3 Artículos y adjetivos demostrativos

- Los **artículos definidos** son *el, la, los, las.*
  Los **artículos indefinidos** son *un, una, unos, unas.*
- Los **adjetivos demostrativos** son *este, esta, ese, esa, aquel* y *aquella*, y sus plurales.

Escribe los artículos y los adjetivos demostrativos de cada oración.

Ejemplo: Ese avión es un planeador. *Ese un*

1. Los planeadores no tienen motor.
2. Este avión más grande lo arrastrará para que despegue.
3. Cuando los aviones se elevan, se suelta el planeador.
4. Este planeador es más nuevo que ese avión.

(págs. 130–132)

4 Adjetivos posesivos

- Se llama adjetivos posesivos a los adjetivos como ***mi***, ***mío***, ***tu*** y ***tuyo*** que indican posesión o pertenencia.
- Los adjetivos posesivos tienen distintas formas según la persona a la que se refieran y según si aparacen antes o después del sustantivo que describen en la oración.

Escribe los oraciones y complétalas escogiendo la forma correcta del adjetivo posesivo.

Ejemplo: Mañana será la fiesta en (nosotras, nuestra) escuela.
Mañana será la fiesta en nuestra escuela.

1. Yo llevaré (mis, mi) propia comida.
2. (Tu, Tuyo) perro es muy majadero. No deberías traerlo.
3. Ayer Maritza olvidó el almuerzo (de sí, suyo) en casa.
4. Ése es (nos, nuestro) queso. Mi hermano y yo lo trajimos.

(págs. 133–135)

5 Adverbios

- Un **adverbio** puede modificar un verbo, un adjetivo u otro adverbio. Muchos terminan en *-mente.*
- Cuando modifica a un verbo, un adverbio nos dice *cómo, dónde* o *cuándo.* Cuando modifica a un adjetivo u otro adverbio, nos dice *hasta qué punto.*

Escribe los adverbios de las siguientes oraciones. Luego, escribe la palabra a la cual modifica e indica si es un verbo, un adjetivo u otro adverbio.

Ejemplo: Cinco murciélagos pequeños colgaban rígidamente.
rígidamente *colgaban* *verbo*

1. Susana primero los miró de reojo.
2. Luego los estudió muy detenidamente.
3. Finalmente, preguntó si estaban vivos.
4. Dormían muy tranquilamente.
5. Los murciélagos son mamíferos nocturnos algo parecidos al ratón.

(págs. 138–140)

6 ¿Adjetivo o adverbio?

- Usa **adjetivos** para modificar sustantivos y pronombres.
- Usa **adverbios** para modificar verbos, adjetivos y otros adverbios.
- Palabras como *rápido* y *lento* son adjetivos. No deben usarse como adverbios.

Escribe la palabra del paréntesis que complete correctamente cada oración.

Ejemplo: Susana es muy (rápidamente, rápida). *rápida*

1. Laura entró (despacio, despaciamente) a la clase.
2. Llegó (exactamente, exacto) cuando yo me iba.
3. Irene aprendió (bueno, bien) las tablas de multiplicar.
4. Tengo la tela (suficientemente, suficiente) para hacerme una blusa.
5. Algunos platos se preparan (rápido, rápida) y fácilmente.

Unidad 5

Ortografía y puntuación

Extendida en toda su gloria roja, blanca y azul, la bandera de los Estados Unidos flotó por las calles de Atlanta, Georgia, durante el desfile del Día de la Independencia.

1 Puntuación de oraciones

En grupos de cinco, representen los papeles del punto, los signos de exclamación y los signos de interrogación. Preséntense a sí mismos, diciendo qué función tienen en la oración.

Ya sabes que todas las oraciones empiezan con mayúscula. Las declaraciones y los mandatos terminan en un punto. Las preguntas van entre signos de interrogación. Las exclamaciones van entre signos de exclamación.

Seleccionaremos una receta. Abre el libro de cocina.

¿Tomas clases de cocina? ¡Qué salsa tan picante!

Inténtalo

En voz alta ¿Cuál es la puntuación correcta?

1. Por qué me toca cocinar esta noche
2. Nos gustan las verduras cocidas
3. Prepara los panecillos ahora
4. Dame un panecillo, por favor
5. Qué deliciosa sopa de chocolate y ajo
6. Qué metiste al horno de microondas
7. !Qué buena cocinera eres

En resumen

- Usa un **punto** para cerrar una oración enunciativa o imperativa.
- Usa **signos de interrogación** para encerrar una oración interrogativa.
- Usa **signos de exclamación** para encerrar una oración exclamativa.

Por tu cuenta

Agregá los signos de puntuación correctos.

8. Primero calienta la sartén
9. El aceite comienza a hervir
10. Cuándo debo echar los huevos en la sartén
11. Freímos las verduras un poco antes
12. Qué buen cocinero eres
13. ¿Cómo se da vuelta a la tortilla

14–24. Este guión de televisión tiene 11 errores de puntuación. Escribe el guión correctamente.

Ejemplo: Mira la pizza *Mira la pizza.*

Presentador: Y ahora con ustedes "Platos sabrosos" con Mara Villosa

Mara: Es un placer cocinar con ustedes. La semana pasada preparamos espaguetis, verdad. ¿Qué plato tan delicioso? Hoy haremos una fabulosa pizza, Creen que es difícil de preparar. Se equivocan. Observen cómo trabajo Hagan lo que yo hago Al final del programa serán unos expertos

ESCRIBIR • PENSAR • ESCUCHAR • HABLAR

EXPLICAR

Escribe un guión de televisión

¿Qué quisieras que enseñaran por televisión? ¿A cocinar? ¿A entrenar perros? ¿A jugar al baloncesto? ¿A tocar la guitarra? Escribe un guión para un programa educativo. Usa los cuatro tipos de oraciones. Léele tu guión a un compañero usando la entonación apropiada. Pregúntale qué aprendió de tu guión.

Estilo / Uso

2 Sustantivos propios

Para comenzar

¿Cuáles son los sustantivos propios en la siguiente oración?

La Misión de Santa Bárbara, adonde nos llevaban los padres, estaba cerca de la isla de los Delfines.

—tomado de *Zía*, de Scott O'Dell

- Ya sabes que un sustantivo propio nombra a una persona, un lugar o una cosa en particular. Los sustantivos propios se escriben con mayúscula. En los nombres geográficos, sólo la parte "propia" se escribe con mayúscula, no la parte "común".

Mayúsculas en sustantivos propios		
Personas	Jorge L. Borges Martin Luther King, Jr.	Simón Bolívar Plácido Domingo
Lugares	México la Mancha cabo de Buena Esperanza	estrecho de Gibraltar río Nilo San Salvador
Abreviaturas de tratamientos	Dr. Sr.	Lic. Srta.
Cosas	Edad Moderna Renacimiento	la Luna la Tierra
Edificios, instituciones	Banco de Crédito Real Academia Española	Biblioteca Nacional Museo de Bellas Artes

- Las siglas, es decir, las iniciales que sirven de abreviatura para el nombre de una organización u otra cosa, también se escriben con mayúscula.

ONU (Organización de las Naciones Unidas)

UNICEF (*United Nations International Children's Emergency Fund* [Fondo Internacional de las Naciones Unidas de Socorro a la Infancia])

OVNI (Objeto Volador No Identificado)

FBI (*Federal Bureau of Investigations* [Buró Federal de Investigaciones])

Inténtalo

En voz alta ¿Qué palabras deben ir con mayúscula?

1. La doctora alice hamilton nació en nueva york.
2. Ingresó en la universidad de michigan en marzo de 1892.
3. Los antepasados de la familia hamilton eran originarios de holanda, irlanda e inglaterra.
4. ¿Vivió y trabajó alguna vez la doctora hamilton en hull house en chicago?
5. En su clínica, atendía niños originarios de italia.

- Los sustantivos propios, las abreviaturas de tratamientos y las siglas se escriben con mayúscula.
- En los nombres geográficos, sólo la parte "propia" se escribe con mayúscula, y no la parte "común".

Por tu cuenta

Escribe con mayúscula todas las palabras que correspondan.

Ejemplo: Alice hamilton fue una pionera en los estados unidos.
Alice Hamilton *Estados Unidos*

6. La sra. hamilton nació en febrero de 1869.
7. Estudió en la escuela miss porter's en farmington, connecticut.
8. En 1925 publicó su primer libro sobre los venenos industriales en los estados unidos.
9. Investigó para el departamento de asuntos laborales la intoxicación por plomo en las fábricas.
10. ¿Cuántas veces viajó a europa la doctora alice hamilton?

continúa ▶

Por tu cuenta continuación

11. También llevó a cabo estudios para el estado de illinois.
12. ¿Fue alice la primera mujer que enseñó medicina en la universidad de harvard?

13–25. Esta biografía tiene 13 sustantivos propios mal escritos. Corrige el uso de las mayúsculas.

Ejemplo: Edith nació en alemania y alice en nueva york.
Edith nació en Alemania y Alice en Nueva York.

Corrige

Dos hermanas exitosas

Hull House, Chicago

¡Qué notables fueron las hermanas hamilton! La menor, alice, fue médica. Estudió los problemas médicos de los trabajadores. Para fomentar la paz, se reunió en europa con mujeres de suiza, francia y bélgica. Prestó servicios en hull house, un centro social en la calle South Halsted en chicago.

Su hermana edith fue directora de la escuela bryn mawr en maryland. Escribió obras famosas sobre la mitología de los pueblos de grecia y roma. Edith falleció en mayo de 1963 a los 96 años de edad y Alice en septiembre de 1970 a los 101 años.

¡Ahora, a escribir!

ESCRIBIR • PENSAR • ESCUCHAR • HABLAR

PERSUADIR

Escribe un editorial

¿Cómo convencer a los alumnos para que cooperen en la escuela y en la comunidad? Escribe un editorial para el periódico de la escuela. Pide a los alumnos que ayuden a los más pequeños, que organicen la limpieza de un parque o que se ofrezcan de voluntarios en una actividad de la comunidad. Usa por lo menos cinco sustantivos propios. Léele tu editorial a un compañero y pregúntale cuál es tu oración más convincente.

 Práctica adicional: página 191

3 Comas en una serie

Para comenzar

Lee la siguiente oración. ¿Cuántos ingredientes tomó el personaje del cuento? ¿Cómo lo sabes?

> Cierto día tomó harina, agua, grosellas, ciruelas, azúcar y otras cosas, e hizo con todo ello una torta.
>
> —tomado de "Cómo se arrugó la piel del rinoceronte" en *Precisamente así,* de Rudyard Kipling

- Una **serie** es un grupo formado por tres o más elementos en una oración.

  El paquete contenía un tenedor, un cuchillo y una cuchara.

- Usa comas para separar los elementos de una serie. Observa cómo las comas pueden cambiar el sentido de una oración.

  Compré ensalada de fruta, jugo helado y sándwiches.
  Compré ensalada de fruta, jugo, helado y sándwiches.

- Una conjunción como *y* u *o* separa los dos últimos elementos de una serie. Antes de la conjunción no se usa coma.

  ¿Dijiste que pusiera una, dos o tres cucharaditas de perejil?
  Mi mamá me enseñó a nadar, a bucear y a jugar ajedrez.

Inténtalo

En voz alta ¿Dónde deben ponerse las comas en estas oraciones?

1. El color rojo se usa para indicar amor emoción y peligro.
2. El rojo el amarillo el naranja el verde y el azul son cinco colores del arco iris.
3. ¿El color azul te da sueño te despierta o te ayuda a pensar?
4. Los colores inspiran a publicistas diseñadores floristas y cocineros.

continúa ▶

Inténtalo continuación

Usa estas listas para formar series. ¿Dónde deben ir las comas?

5.	fútbol	béisbol	tenis	baloncesto
6.	automóviles	autobuses	trenes	aviones
7.	flores	árboles	hierba	arbustos
8.	caminar	correr	saltar	bailar
9.	historia	ciencia	gimnasia	matemáticas
10.	hornear	freír	cocer	hervir

- Usa **comas** para separar los elementos de una serie. Las comas indican dónde se debe hacer una pausa.
- No uses coma antes de la conjunción que enlaza los dos últimos elementos.

Por tu cuenta

Escribe cada oración agregando una serie. Usa comas y conjunciones donde sea necesario.

Ejemplo: Las cuatro estaciones son _______.
Las cuatro estaciones son la primavera, el verano, el otoño y el invierno.

11. _______ son tres instrumentos musicales.
12. _______ son las tres comidas básicas del día.
13. En el verano, la gente generalmente _______.
14. ¿Perdió Esteban _______?
15. _______ son cuatro países de Europa.
16. ¿Invitaste a la fiesta a _______?
17. _______ son cuatro de los mayores ríos del mundo.
18. _______ han escrito libros populares.
19. Para esa torta, ¿necesitas _______ tazas de harina?
20. ¿Has visitado alguna vez _______?
21. Los mejores automóviles en la actualidad son _______.

continúa ▶

Por tu cuenta continuación

22–30. Esta lista de datos personales tiene nueve errores en el uso de comas en una serie. Escríbela correctamente.

Ejemplo: Me gusta bailar ir de compras, y caminar por la playa.
Me gusta bailar, ir de compras y caminar por la playa.

Así soy yo

- Mis amigas íntimas son Micaela Susana, y Amalia.
- Pasta, pizza, zanahorias, y espinacas son mis comidas favoritas.
- Este año canté en el coro me afilié al club de ajedrez y controlé el cruce a la escuela.
- El año entrante estaré en la banda en una obra de teatro o en el equipo de natación.
- Prefiero las matemáticas las ciencias y la ortografía. El año entrante tomaré música o francés.
- Me gustaría viajar a Kenia Egipto, Corea y China.
- En mi tiempo libre, juego al baloncesto leo, o escucho música.

¡Ahora, a escribir! ESCRIBIR • PENSAR • ESCUCHAR • HABLAR

REFLEXIONAR

Escribe una lista de datos personales

Antes de escribir, conviene reflexionar y preparar listas sobre el tema. ¿Cuáles son tus cosas favoritas? ¿En qué actividades participas? Escribe seis oraciones sobre ti mismo. Incluye una enumeración en cada una. Reúnete con un compañero y lean lo que han escrito. Haz una breve pausa donde veas una coma. ¿Tienen tú y tu compañero intereses comunes?

Práctica adicional: página 192

Escribir con comas

Combinar oraciones: Palabras o frases en una serie Una sola oración fluida y detallada es más clara que varias oraciones cortas y repetitivas. La serie puede consistir en palabras individuales o en frases (grupos de palabras).

El menú debe ser claro. El menú debe ser interesante. El menú debe tener aspecto atractivo.	**Incorrecto:**	El menú debe ser claro, interesante, tener aspecto atractivo.
	Correcto:	El menú debe ser claro, interesante y atractivo.

Aplícalo

1–4. Combina por medio de series los grupos de oraciones subrayadas en este menú. Fíjate en que todos los elementos estén expresados en la misma forma.

Platos del día

Entrada: Camarones picantes

Los camarones se sirven sobre lechuga. La salsa picante se sirve a un lado. Viene con limón y perejil a un lado.

Plato fuerte: Espaguetis con albóndigas

Los espaguetis vienen en salsa de tomate. Vienen con albóndigas. Están cubiertos de queso. Nuestra salsa es casera. Toda la mañana, el cocinero pela tomates y machaca ajo. También pica perejil.

Postre: Torta de fresas

Las fresas son dulces y deliciosas. La crema batida es dulce y deliciosa. La masa también es dulce y deliciosa.

Combinar oraciones completas en una serie A veces un grupo de oraciones relacionadas pueden combinarse en una serie. Sepáralas con comas y coloca una conjunción antes de la última oración enlazada. Si las oraciones tienen diferente sujeto, debes poner una coma antes de la conjunción.

La clase de matemáticas preparó una encuesta. Los maestros repartieron copias. Los alumnos las llenaron en sus casas.	La clase de matemáticas preparó una encuesta, los maestros repartieron copias, y los alumnos las llenaron en sus casas.

Aplícalo

5–8. Combina en una serie cada grupo de oraciones subrayadas. Recuerda que debes usar comas y una conjunción.

Revisa

Los alumnos de sexto grado respondieron a la encuesta. Contamos las respuestas. Los voluntarios anotaron los números. La maestra nos ayudó a crear una gráfica de barras. ¡Quedó fantástica!

Los alumnos indicaron lo que hacen en su tiempo libre. La mitad se reúne con amigos. Un tercio practica deportes. Una décima parte va al centro comercial.

Les pedimos que seleccionaran las vacaciones ideales. El primer lugar lo ocupó un viaje en el transbordador espacial. El segundo lugar, un safari en África. Bucear en Australia ocupó el tercer lugar. Nadie eligió ir a un campamento de verano.

Este proyecto nos encantó. Todos los alumnos firmaron la encuesta. La maestra la colocó en una cápsula de tiempo. El director guardó la cápsula en la caja fuerte de la escuela.

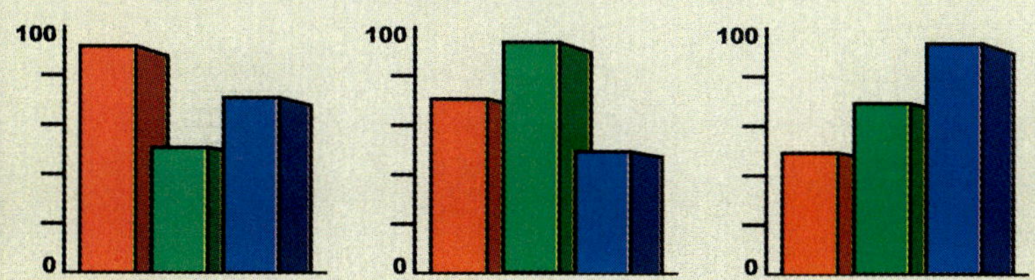

4 Más usos de las comas

Para comenzar

¿Cuántas comas le faltan a esta oración? ¿Dónde deben ir?

Sí Marcos las ballenas parecen peces pero son los mamíferos más grandes del planeta.

Ya sabes que la coma se puede usar para separar las dos partes de una oración compuesta. También separa las partes de una oración compleja cuando la primera parte comienza con una conjunción subordinativa como *aunque.*

Las ballenas eran muy abundantes, pero los cazadores mataron muchas.

¡Fíjate!

No confundas una oración compuesta con un predicado compuesto que tiene dos verbos.

Una ballena puede sumergirse y volver a la superficie.

Aunque las ballenas viven en el océano, no son peces.

- También has aprendido que una aposición es una palabra o grupo de palabras que identifica o explica al sustantivo al cual sigue. Una aposición se separa del resto de la oración por medio de comas.

Las ballenas azules, las más veloces de todas, se encuentran en todos los océanos del mundo.

El señor Jiménez, un experto en ballenas, trabaja en un acuario.

- La coma también se usa para destacar ciertas palabras de introducción como *bueno, sí* y *no* al comienzo de una oración.

Sí, he visto una ballena rorcual.
Bueno, en realidad primero vimos su surtidor.

- La coma se usa también para separar un vocativo, que es el nombre de la persona a quien se dirige el que habla.

Desde aquí, Susana, ésa parece ser una ballena azul.
José, ¿has leído *La isla de los delfines azules?*

Inténtalo

En voz alta ¿Dónde deben ponerse comas en estas oraciones?

Barco de vapor *Clermont*

1. Niños ¿quién inventó el primer buque de vapor?
2. Sí fue Robert Fulton.
3. Aunque Fulton era retratista se interesaba también en la ingeniería.
4. Probó su primer buque de vapor en el Sena un río de Francia.
5. No ése no fue el único barco que Fulton construyó.
6. El *Clermont* otro buque de vapor navegó por el río Hudson.
7. Cuando visitaste Nueva Orleans ¿viste un buque de vapor Carlos?

- Usa comas para separar las partes de una oración compleja que comienza con una conjunción subordinativa como *aunque*, *cuando* o *como.*
- Usa comas para separar una aposición.
- Usa una coma después de palabras de introducción como *bueno, sí* y *no.*
- Usa comas para separar un vocativo, el nombre de la persona a quien se dirige uno directamente.

Por tu cuenta

Escribe cada oración agregando las comas que correspondan.

Ejemplo: El avispón un insecto común se parece a una avispa.
El avispón, un insecto común, se parece a una avispa.

8. Pablo ¿sabes cuántas partes tiene el cuerpo de un insecto?
9. Sí profesor el cuerpo de un insecto tiene tres secciones principales.
10. Algunos insectos son beneficiosos pero otros son muy dañinos.
11. La abeja doméstica un insecto con aguijón fabrica la miel.

continúa ▶

Por tu cuenta continuación

12. Como los mosquitos chupan la sangre de otros animales son portadores de enfermedades.
13. Valeria ¿existen otros insectos alados?
14. Sí profesor tanto las mariposas como las moscas tienen alas.

15–26. Esta entrevista tiene doce errores de comas. Escríbela correctamente.

Ejemplo: Sí Jaime las hormigas son muy organizadas, y trabajadoras.
Sí, Jaime, las hormigas son muy organizadas y trabajadoras.

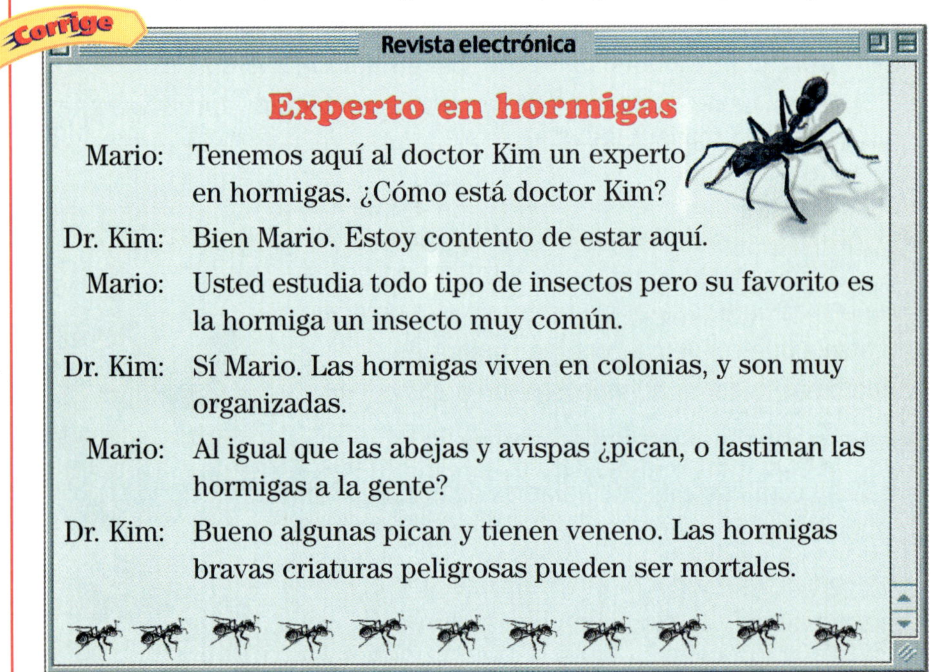

Experto en hormigas

Mario: Tenemos aquí al doctor Kim un experto en hormigas. ¿Cómo está doctor Kim?

Dr. Kim: Bien Mario. Estoy contento de estar aquí.

Mario: Usted estudia todo tipo de insectos pero su favorito es la hormiga un insecto muy común.

Dr. Kim: Sí Mario. Las hormigas viven en colonias, y son muy organizadas.

Mario: Al igual que las abejas y avispas ¿pican, o lastiman las hormigas a la gente?

Dr. Kim: Bueno algunas pican y tienen veneno. Las hormigas bravas criaturas peligrosas pueden ser mortales.

¡Ahora, a escribir!

ESCRIBIR • PENSAR • ESCUCHAR • HABLAR

CREAR

Escribe una entrevista

Imagínate que eres una hormiga y hazte una entrevista. Habla sobre tu trabajo, tus pasatiempos favoritos y tus sueños como hormiga. Di por qué te gusta ser una hormiga. Usa comas en las distintas maneras que has aprendido. Léele tu entrevista a un grupo de compañeros, cambiando la voz según el papel. Haz pausas para indicar las comas. Pregúntales qué parte de la entrevista les gustó más.

Práctica adicional: página 192

Escribir con comas

Combinar oraciones: Frases de introducción Puedes usar **frases de introducción** para combinar un par de oraciones. Convierte una de las oraciones en una frase de introducción cambiando el verbo al **gerundio**, la forma en *-ando* o *-iendo*. Pon una coma después de la frase de introducción.

La mariquita luce un traje rojo con puntitos negros. Es fácil de identificar.	Luciendo un traje rojo con puntitos negros, la mariquita es fácil de identificar.
Vi una mariquita sobre una hoja. La mariquita comía pulgones.	Comiendo pulgones, la mariquita descansaba en su hoja.

Incorrecto:
Comiendo pulgones, vi una mariquita sobre una hoja.

Parece que eras tú quien comía los pulgones. Recuerda: la frase de introducción debe describir al sustantivo o al pronombre que la sigue.

Aplícalo

1–4. Combina estas oraciones con frases de introducción.

Revisa

Estuche de mariquitas

- La gente usa el rociador. Puede atraer las mariquitas.
- Los curiosos leen el folleto. Aprenden datos divertidos sobre las mariquitas.
- Otros observan las mariquitas en la estación de observación. Descubren más sobre sus hábitos.
- Muchos las estudian con lupa. Observan características que normalmente son imposibles de ver.

continúa

Al revisar tus escritos, combina oraciones relacionadas para que su significado quede claro. Usa conjunciones subordinativas como *después, desde, mientras, donde, como, aunque* y *para que* para enlazarlas. Usa una coma para separar las dos partes de la oración.

Nuestra clase está estudiando los insectos. Conoceremos mejor sus hábitos.	Como nuestra clase está estudiando los insectos, conoceremos mejor sus hábitos.

Aplícalo

5–9. Enlaza las oraciones subrayadas de este diario con una de las conjunciones subordinativas del cuadro.

después de	mientras	aun si	a pesar de
aunque	porque	ya que	como

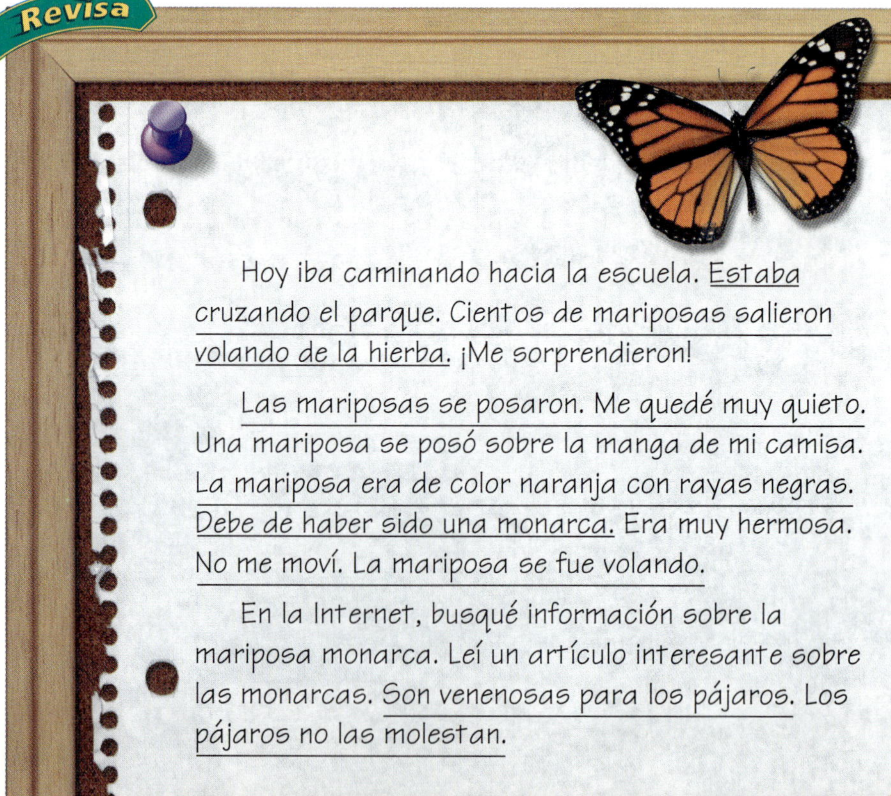

5 Comillas en citas

¿Cuál de las siguientes oraciones da las palabras exactas del salvavidas? ¿Cómo lo sabes?

El salvadidas dijo que no te metieras en el agua.

El salvavidas dijo: "No se meta nadie en el agua".

- Cuando escribes las palabras exactas que dijo una persona o las palabras exactas de un texto, estás escribiendo una **cita**. Las citas se escriben entre **comillas** para distinguirlas del resto del texto.

  Mi papá siempre dice: "Camarón que se duerme, se lo lleva la corriente".

  "Las ideas son los hombres", escribió Salvador.

  "Sólo en servicio de la paz", declaró el presidente, "es justificable la guerra."

- En la mayoría de los casos, hay una frase que presenta o describe la cita. Si esta frase aparece **antes** de la cita, va seguida de **dos puntos**.

  Mi papá siempre dice: "Camarón que se duerme, se lo lleva la corriente".

- Si la frase que presenta o describe viene **después** de la cita, se pone una **coma** entre la cita y la frase.

  "Las ideas son los hombres", escribió Salvador.

- Cuando la frase ocurre **en medio** de la cita, va separada por comas.

  "Sólo en servicio de la paz", declaró el presidente, "es justificable la guerra."

- Fíjate que los puntos y las comas por lo general se escriben después de las comillas que cierran una cita. En los casos en que la cita comienza y termina una oración, como en el tercer ejemplo de arriba, el punto final va antes de las comillas.

- Cuando un signo de interrogación o de exclamación forma parte de una cita, con frecuencia se omiten las comas o puntos después de las comillas que cierran la cita.

  "¡La boca, cerrada!" me recordó mi mamá con firmeza.

  Me dijo con desprecio: "¿Y esto para qué sirve?"

Inténtalo

En voz alta Lee las oraciones. ¿Dónde deben ir las comillas?

1. Mi papá me dijo: En este tren llegará tu madre.
2. Leí en un anuncio: Fumar puede causar cáncer.
3. Viaje seguro y a tiempo, el cartel de la puerta decía.
4. Llegaremos a tiempo para cenar, pensó José.

En resumen

- Las **comillas** se usan para citar las palabras exactas dichas por una persona o copiadas de un texto.
- Cuando la frase que presenta o explica una cita aparece **antes** de la cita, se usa **dos puntos**. Cuando aparece **en medio** o **después** de la cita, va separada de la cita por **comas**.
- Las comas y los puntos por lo general van después de las comillas que cierran una cita. En los casos en que una cita comienza y termina la oración, el punto final va antes de las comillas.

Por tu cuenta

Escribe cada oración añadiendo las comillas y otros signos de puntuación.

Ejemplo: A mal tiempo, buena cara dice el libro *Refranes mexicanos*.
"A mal tiempo, buena cara", dice el libro Refranes mexicanos.

5. No creo que sea necesario me explicó la maestra dedicarle mucho tiempo a esto.
6. Martín exclamó ¡Qué sorpresa me han dado!
7. Como dijo Sherlock Holmes Es elemental, mi querido Watson.
8. Yo solo sé que no sé nada dijo Sócrates.
9. Martin Luther King, Jr. declaró Yo tengo un sueño.

Práctica adicional: página 193

Estilo / Uso

6 Raya o guión largo

Lee la oración. ¿Qué dijo el personaje? ¿Cómo lo sabes?

—Rafaelito —le contestó ella—, eso le puede costar la vida.

—tomado de "Cuento de Rafaelito" en *Había una vez 26 cuentos*, de Pilar Almoina de Carrera

- Para escribir un **diálogo** entre dos o más personajes, generalmente se usan **los guiones largos** o **rayas**.

—¡Qué bonito día! —exclamó Luisa mirando hacia el cielo y respirando profundamente.

—Sí —respondió Lucas—, me encantan estos días de primavera en la ciudad.

—Tengo una idea —propuso Luisa—. ¿Qué tal si damos una vuelta en bicicleta por el parque?

—¡Qué casualidad! Eso mismo estaba pensando yo.

- Fíjate que se empieza un párrafo nuevo, dejando sangría, cada vez que cambia el personaje que habla. Siempre se empieza con un guión seguido de algo que dice el personaje.
- Las frases que identifican al personaje que habla o dan información adicional se separan del resto de la cita con rayas. Deja un espacio antes de la raya que abre una frase explicativa y después de la raya que la cierra, pero no dejes ningún espacio entre las rayas y la frase explicativa.

—Sí —respondió Lucas—, me encantan estos días de primavera en la ciudad.

- Fíjate que cuando la frase explicativa aparece **en medio** de lo que dice el personaje, las comas y los puntos necesarios se escriben **después** de la raya que cierra la frase explicativa.
- Cuando queda claro por el contexto qué personaje es el que habla, no es necesario incluir ninguna frase explicativa.

—¡Qué casualidad! Eso mismo estaba pensando yo.

Inténtalo

En voz alta ¿Dónde deben ir los guiones largos en este diálogo?

Quinta Avenida

1. En pocas ciudades hay este tipo de carros dijo Manuel.
2. Es la segunda vez que me subo a uno añadió Jorge.
3. Los turistas los usan mucho.
4. ¡Son muy bonitos! dijo Jorge con admiración.
5. Mira ese edificio alto, dijo Manuel. Ése es el hotel.
6. ¿Llegaremos pronto? preguntó Jorge.
7. Faltan aún algunas calles.
8. Ha sido un paseo fantástico, dijo Jorge mientras tomaba una fotografía.

En resumen

- Se empieza un párrafo nuevo, dejando sangría, cada vez que cambia el personaje que habla. Siempre se empieza con un guión seguido de algo que dice el personaje.
- Las frases explicativas se separan del resto de la cita con rayas. Cuando la frase explicativa aparece **en medio** de lo que dice el personaje, las comas y los puntos necesarios se escriben **después** de la raya que cierra la frase.

Por tu cuenta

Escribe este diálogo añadiendo los guiones largos y otra puntuación correspondientes.

Ejemplo: Mañana vamos al cine dijo Pedro.
—Mañana vamos al cine —dijo Pedro.

9. ¿Es interesante la película? preguntó Pedro.
10. Creo que sí dijo María Es sobre un caballo que habla.

continúa ▶

Por tu cuenta continuación

11. ¿Un caballo que habla? ¿Desde cuándo los caballos hablan?
12. Lo mismo me pregunté yo dijo María Por eso creo que es buena.
13. ¿Qué otra cosa sabe hacer el caballo? preguntó Pedro.
14. Trabaja en Nueva York y cuenta chistes.

15–24. En este diálogo de un programa de televisión hay diez errores en el uso de las rayas. Escribe el diálogo correctamente.

Ejemplo: Di lo que de verdad sientes —dijo Elsa.
—Di lo que de verdad sientes —dijo Elsa.

Corrige

Tu propia voz

—¿Y por qué es que andas siempre pidiendo palabras prestadas de los demás? —preguntó Elsa—.

—Bueno contestó Mario confundido, es que creo que otros han dicho las cosas mejor que yo.

Pero tus palabras deberían expresar tus propias ideas —continuó Elsa. Eso es lo importante.

—¿Tú crees? —preguntó él—.

—¡Pues, claro! exclamó Elsa—. Estoy harta de citas de Shakespeare y versos de Neruda. —Quiero saber lo que tú estás pensando.

Pues, gracias —dijo Mario sonriendo. No sabía que te interesaba tanto.

¡Ahora, a escribir!

ESCRIBIR • PENSAR • ESCUCHAR • HABLAR

EXPRESAR

Escribe un diálogo

Escribe un diálogo entre tú y un amigo. Imagínate que están discutiendo algo en que no están de acuerdo. Trata de que tu diálogo suene realista. Usa la raya correctamente. Dale el diálogo a un compañero a leer. ¿Pudo seguir el hilo del diálogo?

Práctica adicional: página 193

Estilo / Uso

7 Interjecciones

¿Qué palabras expresan emoción? ¿Qué signo de puntuación se usa para identificarlas?

—¡Qué bueno! Sigamos practicando —continuó Tío Conejo.

—tomado de "Tío Conejo cazador" en *El mundo de Tío Conejo,* de Rafael Rivero Oramas

Una **interjección** es una palabra o palabras que expresan un sentimiento. Si la interjección forma una oración independiente, se escribe entre signos de exclamación. Si es parte de otra oración, va separada por comas.

¡Oh, no! ¡No puedo creerlo!

¡Qué alivio! Por fin marcaron un tanto.

¡Bravo! Ganaron el partido.

Pues, vaya, ahí lo tienes.

Inténtalo

En voz alta Señala las interjecciones.

1. ¡Qué bien! Nuestro equipo ganó.
2. Pero, qué barbaridad, eso no se hace.
3. Es una racha de buena suerte. ¡Caramba!
4. ¡Ay, se le cayó la pelota!
5. ¡Oh, no! Ganaron por sólo una carrera.

- Una **interjección** expresa un sentimiento fuerte.
- Se escribe entre signos de exclamación cuando es una oración independiente. Va separada por comas cuando es parte de otra oración.

Por tu cuenta

Escribe cada oración, corrige la puntuación y subraya todas las interjecciones.

Ejemplo: Uy Casi chocó con el jardinero central.
¡Uy! Casi chocó con el jardinero central.

6. Qué barbaridad La decisión del árbitro fue muy mala.
7. Miguel ponchó al bateador con esa curva. Bravo
8. Ay Sara, no le quites el ojo a la pelota.
9. Oh, no El entrenador va a reemplazar al lanzador.
10. Mira, mira Las bases están llenas.

11–15. Estos comentarios de una charla en línea tienen cinco errores en la puntuación de interjecciones. Escribe cada comentario correctamente.

Ejemplo: Caramba ¿has vuelto ya del partido?
¡Caramba! ¿Has vuelto ya del partido?

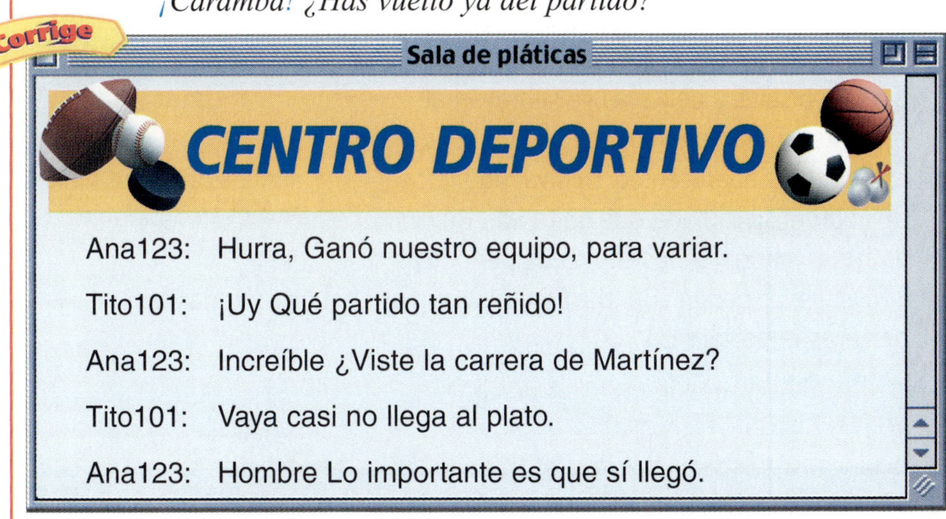

¡Ahora, a escribir!

ESCRIBIR • PENSAR • ESCUCHAR • HABLAR

EXPRESAR

Escribe una carta

Piensa en algo que te guste mucho. Escríbele una carta a un amigo explicándole por qué te gusta. Usa interjecciones. Léele tu carta a un compañero y pídele que indique las interjecciones y adivine la puntuación.

Práctica adicional: página 194

Estilo / Uso

8 Títulos

De los títulos a continuación, ¿cuál es el título de un libro y cuál el de un cuento? ¿Cómo lo sabes?

"El pingüino preso", de S. Nossale

El crimen del pingüino, de Kay A. Hecho

- Los títulos de libros, cuentos, poemas, artículos, películas, canciones o piezas teatrales llevan mayúscula en la primera palabra y en los sustantivos propios.

  Lo que el viento se llevó

  "Los zapaticos de rosa"

  El ingenioso hidalgo don Quijote de la Mancha

- Los títulos de libros, revistas, periódicos, obras teatrales y películas se subrayan al escribirse a mano. En los textos impresos, estos títulos aparecen en *cursiva,* una letra de imprenta inclinada que imita la letra escrita a mano. (En los títulos de periódicos y revistas, se ponen con mayúscula la primera palabra y todas las palabras importantes.)

Cuando escribas a mano nunca escribas los títulos en cursiva; subráyalos.

Títulos		
Publicaciones	**Al escribir, subraya el título.**	**En los textos impresos, va en cursiva.**
libros	La verdad sospechosa	*La verdad sospechosa*
revistas	Corte y Confección	*Corte y Confección*
periódicos	El País	*El País*
películas	La emboscada	*La emboscada*

- Los títulos de cuentos, artículos, canciones, poemas y capítulos de libros van entre comillas. No se subrayan ni se imprimen en cursiva.

  En la clase de ciencias leímos un artículo llamado "Tierras en peligro".

  La canción que más me gusta es "Los animales de la selva".

Inténtalo

En voz alta Escribe correctamente estos títulos.

1. doña rosita la soltera (obra de teatro)
2. cómo ser payaso (artículo)
3. cuadernos de infancia (libro)
4. la blanca soledad (poema)
5. chacra y campo moderno (revista)
6. misión imposible (película)

- En títulos de periódicos y revistas, todas las palabras importantes se escriben con mayúscula. En otros títulos, sólo la primera palabra y los sustantivos propios se escriben con mayúscula.
- Los títulos de libros, revistas, periódicos, películas y otras obras se subrayan o se ponen en *cursiva*.
- Encierra entre comillas los títulos de cuentos, artículos, canciones, poemas y capítulos de libros.

Por tu cuenta

Corrige los siguientes títulos.

Ejemplo: Un reportero de el heraldo escribió ese artículo.
Un reportero de El Heraldo escribió ese artículo.

7. El título del artículo era muy pocos sapos.
8. Sí, los destiladores de naranja es el título de un cuento.
9. Oda a un olmo seco es un poema de Antonio Machado.
10. La revista caras y caretas fue fundada en 1898.
11. En la nación leí una crítica de la novela la casa de los espíritus.
12. ¿Ganó algún premio la película los intocables?
13. ¿Has leído el libro mi nombre es maría isabel?
14. Estoy suscrita a la revista american girl.

Práctica adicional: página 194

9 División en sílabas

¿Cuántas sílabas tiene la siguiente palabra? ¿Cuáles son?

REGLAMENTARIO

- Para saber cómo dividir una palabra al final de un renglón, y para determinar si una palabra lleva o no lleva acento escrito, es necesario saber dividir las palabras en sílabas. A continuación tienes un repaso de las reglas principales más importantes.
- Cuando hay una consonante entre dos vocales, la consonante va con la segunda vocal, separada de la primera.

  to-no ca-ro te-ma ma-no

- Cuando hay dos consonantes entre dos vocales, divide entre las dos consonantes.

  an-tes cer-ca mon-tón bar-ba

- Nunca dividas *ch*, *ll*, *rr*, o las combinaciones de consonantes tales como *bl*, *br*, *cl*, *cr*, *dr*, *fl*, *fr*, *gl*, *gr*, *pl*, *pr* y *tr*.

  ha-cha e-lla i-glú la-drar

- Cuando hay tres consonantes entre vocales, dos de ellas serán las combinaciones indivisibles que se mencionan arriba. Divide entre la otra consonante y la combinación indivisible.

  an-cho in-glés can-gre-jo sem-brar

- No separes los diptongos. Recuerda que un diptongo es la unión en una misma sílaba de una vocal fuerte (*a*, *e*, *o*) con una débil (*i*, *u*) o de dos vocales débiles.

  jau-la puen-te cui-da-do

AYUDA ? **¡Fíjate!**

Recuerda que si una vocal débil lleva acento, se rompe el diptongo y las vocales se separan.

rí-o co-mí-a pú-a

Inténtalo

En voz alta Lee estas palabras indicando cómo se dividen en sílabas.

1. bosque
2. venados
3. especiales
4. juegan
5. compañía
6. hierba
7. quieren
8. contrario
9. riachuelo
10. cubrirá
11. invierno
12. nieve

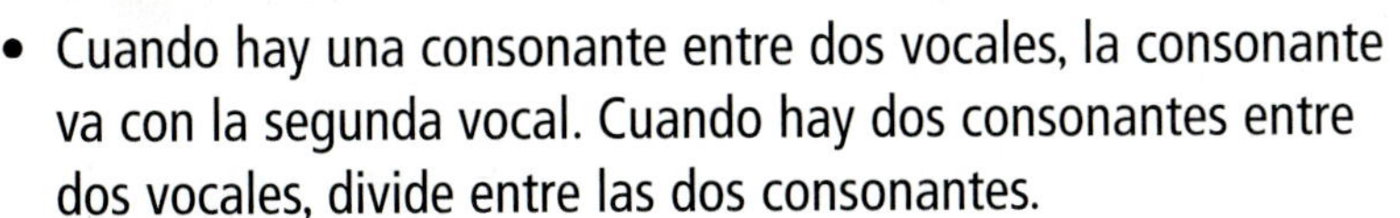

- Cuando hay una consonante entre dos vocales, la consonante va con la segunda vocal. Cuando hay dos consonantes entre dos vocales, divide entre las dos consonantes.

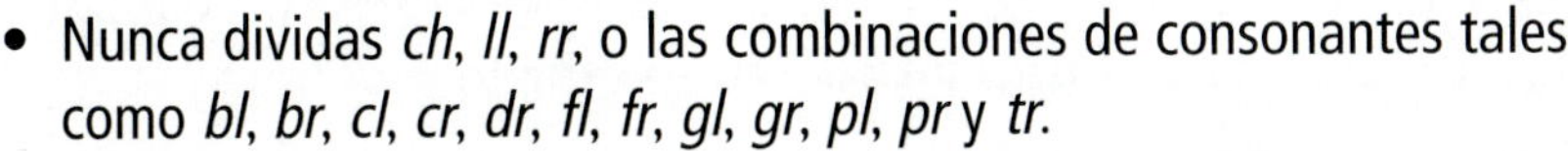

- Nunca dividas *ch*, *ll*, *rr*, o las combinaciones de consonantes tales como *bl*, *br*, *cl*, *cr*, *dr*, *fl*, *fr*, *gl*, *gr*, *pl*, *pr* y *tr*.
- Recuerda que si una vocal débil lleva acento, el diptongo se rompe y las vocales se separan.

Por tu cuenta

Escribe cada palabra. Separa las sílabas con un guión.

Ejemplo: castillo *cas-ti-llo*

13. ciudadano
14. palabra
15. engranaje
16. poesía
17. héroe
18. letra
19. religión
20. dramático
21. expresar
22. carroza
23. pellizcar
24. contrario
25. anclado
26. estrujar
27. bicicleta
28. tierra
29. colegio
30. hueso
31. viaje
32. baile
33. boina
34. maíz
35. duele
36. Raúl
37. faena
38. amplio
39. madrastra

Por tu cuenta continuación

40–48. Este artículo de un sitio Web tiene nueve errores en la división de palabras en sílabas. Escribe la división correcta de cada palabra mal dividida.

Ejemplo: El oso hormiguero pasa mucho ti-
empo comiendo su comida favorita. *tiem-po*

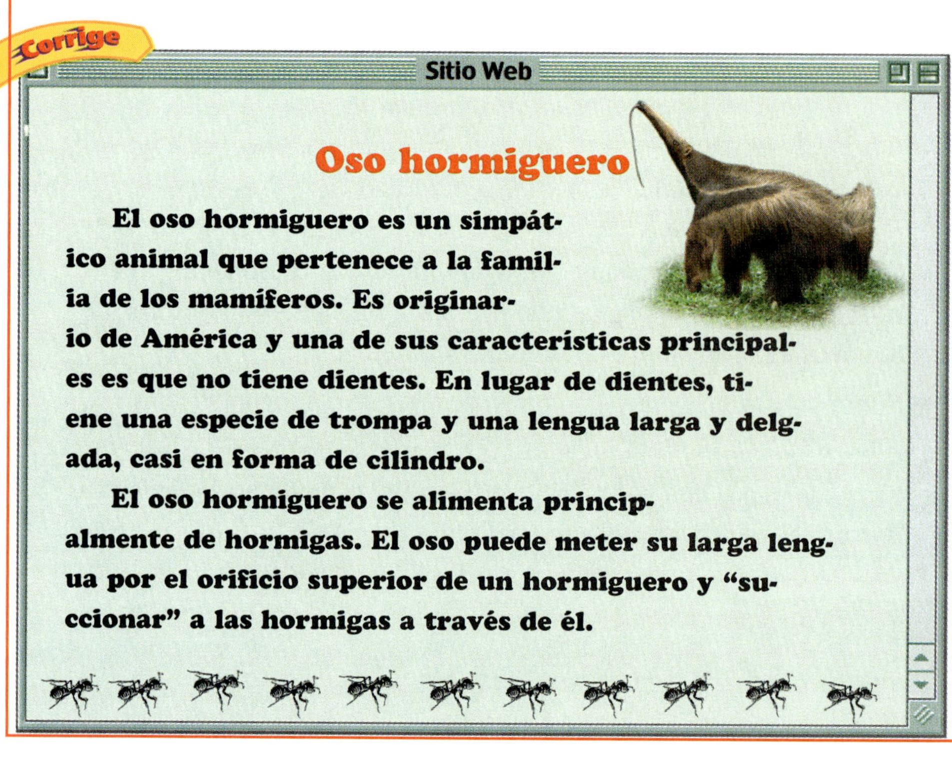

Oso hormiguero

**El oso hormiguero es un simpát-
ico animal que pertenece a la famil-
ia de los mamíferos. Es originar-
io de América y una de sus características principal-
es es que no tiene dientes. En lugar de dientes, ti-
ene una especie de trompa y una lengua larga y delg-
ada, casi en forma de cilindro.**

**El oso hormiguero se alimenta princip-
almente de hormigas. El oso puede meter su larga leng-
ua por el orificio superior de un hormiguero y "su-
ccionar" a las hormigas a través de él.**

¡Ahora, a escribir!

ESCRIBIR • PENSAR • ESCUCHAR • HABLAR

INFORMAR

Escribe un artículo de enciclopedia

En breve, da los datos principales sobre un animal. ¿Dónde vive? ¿De qué tamaño es? ¿Qué come? ¿Qué hábitos tiene? Puedes escribir tu artículo sobre un animal real o sobre un animal imaginario. Añade ilustraciones si quieres. Asegúrate de dividir las palabras correctamente. Reúnete con un grupo de compañeros y lean sus artículos en voz alta.

 Práctica adicional: página 195

10 Agudas, llanas y esdrújulas

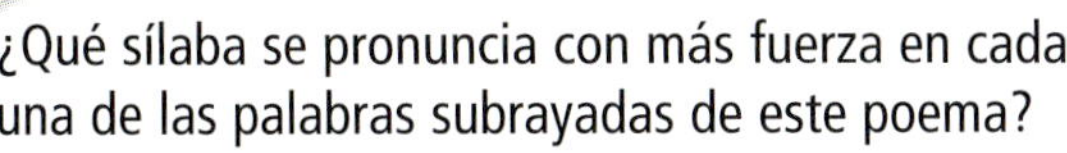

Para comenzar

¿Qué sílaba se pronuncia con más fuerza en cada una de las palabras subrayadas de este poema?

—Malas noticias, mi amiga
—dijo la pájara azul—.
Ya se aproxima el invierno
y me tengo que ir al sur.

- Las palabras se dividen en **agudas**, **llanas** y **esdrújulas** según la sílaba que se pronuncia con más fuerza. Algunas palabras llevan **acento escrito**. Las palabras que no llevan acento escrito se dice que tienen **acento prosódico** (sólo pronunciado).

Clasificación	Llevan la fuerza de pronunciación...	Ejemplos	
agudas	en la última sílaba	a-zul car-tón co-lor	in-glés so-fá pa-red
llanas	en la penúltima sílaba	ár-bol pes-ca-do ma-ri-po-sa	pie-dras lá-piz le-ña
esdrújulas	en la antepenúltima sílaba	sí-la-ba pá-ja-ro re-lám-pa-go	te-lé-fo-no mé-di-ca ló-gi-co

- Hay palabras que llevan la fuerza de pronunciación antes de la antepenúltima sílaba. Estas palabras se llaman **sobresdrújulas**.

au-to-má-ti-ca-men-te　　de-vuél-ve-me-lo

Inténtalo

En voz alta Lee las siguientes palabras en voz alta, dividiéndolas en sílabas y exagerando la sílaba que se pronuncia con más fuerza.

1. hermoso
2. autobús
3. playa
4. marítimo
5. palmera
6. tropical
7. cómodo
8. agua
9. cálida
10. sabroso

- Las palabras **agudas** llevan la fuerza de pronunciación en la **última** sílaba.
- Las palabras **llanas** llevan la fuerza de pronunciación en la **penúltima** sílaba.
- Las palabras **esdrújulas** llevan la fuerza de pronunciación en la **antepenúltima** sílaba.

Por tu cuenta

En cada oración escribe la palabra del tipo que se pide entre paréntesis ( ).

Ejemplo: Todas las mañanas tomo café. (aguda) *café*

11. En el colegio vimos una unidad nueva. (aguda)
12. Recién nació la telefonía celular. (llana)
13. Otro invento fantástico es la computadora. (esdrújula)
14. La televisión es un invento importante. (aguda)
15. El automóvil cambió la civilización. (llana)
16. Estudiaré estos artículos. (esdrújula)
17. En la década de los sesenta los humanos llegaron a la Luna. (esdrújula)
18. No conoció nunca a Julián. (llana)

19–25. En la siguiente clasificación de palabras, hay siete palabras clasificadas incorrectamente. Encuéntralas y escribe la clasificación correcta.

Ejemplo: <u>Llanas</u>
lápiz
pared *pared* *aguda*

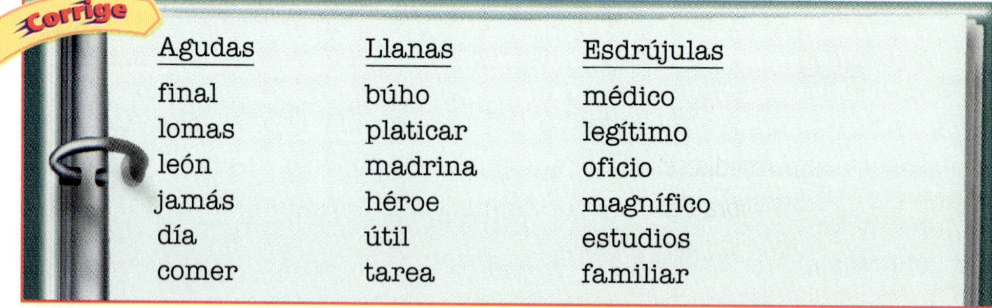

Agudas	Llanas	Esdrújulas
final	búho	médico
lomas	platicar	legítimo
león	madrina	oficio
jamás	héroe	magnífico
día	útil	estudios
comer	tarea	familiar

 Práctica adicional: página 195

11 Reglas de acentuación

¿Por qué está mal escrita esta rima?

Un día de júnio salí a paseár
a tódos ládos y a ningún lugár.

- Para saber si una palabra lleva acento escrito, hay que tener en cuenta si es **aguda**, **llana** o **esdrújula**, y en **qué letra termina**.

Las palabras...	llevan acento...	no llevan acento...
agudas	si terminan en ***n***, ***s***, o **vocal**. Ejemplos: caimán, jamás, café	si terminan en cualquier consonante que no sea ***n*** o ***s***. Ejemplos: pared, local, mirar
llanas	si terminan en cualquier consonante que no sea ***n*** o ***s***. Ejemplos: lápiz, cárcel, cráter	si terminan en ***n*** o ***s***, o **vocal**. Ejemplos: bailan, lomas, goma
esdrújulas	Siempre llevan acento. Ejemplos: teléfono, análisis, cálida	Siempre llevan acento.
sobresdrújulas	Siempre llevan acento. Ejemplos: magníficamente, recuérdaselo	Siempre llevan acento.

- Aunque una palabra llana termine en **n**, **s** o **vocal**, se escribe con acento cuando el acento indica que no hay diptongo donde podría haberlo.

Tienes puesta una media roja y una azul.

"Media" es palabra llana y no lleva acento porque termina en vocal.

Todos los días medía su planta para ver si había crecido.

"Medía" es palabra llana. Aunque termina en vocal, lleva acento para indicar que se ha roto el diptongo: me-dí-a.

Inténtalo

En voz alta Lee las oraciones y di si las palabras subrayadas están escritas correctamente. Si no lo están, corrígelas.

1. Mi tia compró una casa antigua.
2. La casa tiene un salón grande.
3. Pertenecía a un medico.
4. Él vivió en el puéblo muchos años.
5. Supimos de esta casa por un anuncio.
6. Lo vimos en el periodico local.
7. La casa está cerca del río.

- Las palabras agudas llevan acento escrito sólo si terminan en *n*, *s* o vocal.
- Las palabras llanas llevan acento escrito sólo si **no** terminan en *n*, *s* o vocal.
- Las palabras esdrújulas y sobresdrújulas siempre se acentúan.

Por tu cuenta

En cada oración hay una palabra que está mal acentuada o a la que le falta el acento. Escríbela correctamente.

Ejemplo: Ayer canté en el teátro. *teatro*

8. No te pases del limite.
9. Las artes que más me gustan son la musica y el teatro.
10. Me gustaria ser actor.
11. No he leído ni el primér capítulo del libro.
12. Julia cantará en la fiesta de esta nóche.
13. Jamas he oído una voz igual.
14. Es dulce como el trinar de un pajaro.

Por tu cuenta continuación

15–21. Este fragmento de una historia tiene siete palabras mal acentuadas o a las que les falta el acento. Escribe la historia correctamente.

Ejemplo: El piso de madera crujio.
El piso de madera crujió.

Corrige

La casa misteriosa

Celia y yo cruzamos el tunel y lentamente nos acercamos a la vieja casa. Por una ventana observamos si había algun movimiento. De pronto un viento frío llegó por detrás como si nos tomara por la nuca. Nos quedamos inmoviles, no por precaucion sino de panico. La puerta se abrió de un solo golpe y presentimos que unos ojos nos miraban desde la oscuridad. Recobramos las fuerzas y caminamos al interior de la casa. Una tenue luz parecia guiarnos a la parte alta. Mientras caminabamos nos preguntamos qué encontraríamos.

¡Ahora, a escribir!

ESCRIBIR • PENSAR • ESCUCHAR • HABLAR

CREAR

Escribe un cuento de misterio

Continúa la historia sobre la casa misteriosa o empieza tu propio cuento de misterio. Trata de describir la escena y la acción de modo que le den miedo al lector. Lee tu historia en clase. ¿Asustaste a todos? Intercambia historias con un compañero y comprueben que han seguido las reglas de acentuación correctamente.

Práctica adicional: página 196

Estilo / Uso

12 Diéresis: gue, gui, güe, güi

Lee el siguiente refrán. ¿Qué puntuación le hace falta?

La verguenza era verde, y se la comió el borrico.

- Por lo general, la *u* entre la *g* y la *e* o la *i* no se pronuncia, y sólo sirve para indicar el sonido fuerte de la *g*.

  guerra guineo

- En algunas palabras, la *u* entre la *g* y la *e* o la *i* sí se pronuncia. Para indicar esto, se ponen dos puntitos sobre la *u*. Este signo se llama **diéresis**.

  cigüeña pingüino

- La *u* entre la *g* y la *a* o la *o* se pronuncia sin necesidad de usar diéresis.

  guante antiguo

Inténtalo

En voz alta Lee las siguientes oraciones y di a qué palabras les falta diéresis.

1. Los pinguinos viven en regiones frías.
2. La cigueña vuela grandes distancias.
3. Mi tía toca el guiro en una banda.
4. Ella también estudia linguística.
5. Mi tía es bilingue.
6. Mamá me puso un unguento en la herida.

- La diéresis se usa para indicar que la ***u*** entre la ***g*** y la ***i***, o entre la ***g*** y la ***e*** se pronuncia.
- La ***u*** entre la ***g*** y la ***a*** o la ***o*** se pronuncia sin necesidad de usar diéresis.

Por tu cuenta

Lee cada oración. Si la palabra subrayada está escrita correctamente, escribe *correcta*. Si no, escríbela correctamente.

Ejemplo: Sigue por aquí hasta que llegues a la casa.

correcta

7. Las cigueñas en realidad no traen a los bebés de París.
8. Me encanta el pavo guisado.
9. Hoy tenemos examen de lengüaje.
10. Algüien tiró una piedra durante el recreo.
11. El guía nos contó toda la historia del castillo.
12. El guiro es un instrumento musical.
13. El guiñol es un teatro de títeres.

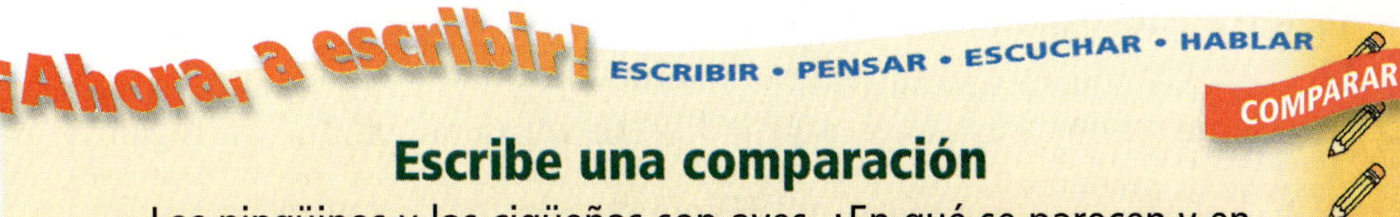

Escribe una comparación

Los pingüinos y las cigüeñas son aves. ¿En qué se parecen y en qué se diferencian estas dos aves? Investiga los pingüinos y las cigüeñas en una enciclopedia o en la Internet y luego escribe un párrafo o dos comparándolos. Usa la diéresis correctamente. Lee tu informe en voz alta en clase.

Prueba: Unidad 5

1 Puntuación de oraciones *(pág. 152)* Agrega la puntuación correcta en cada oración.

1. Detente en este campamento para pasar el día
2. Qué pájaro tan grande
3. Dónde estará su nido
4. Lleva los prismáticos
5. Veo diferentes tipos de pájaros
6. Cómo reconoces estas huellas

2 Sustantivos propios *(pág. 154)* Corrige el uso de las mayúsculas en estas oraciones.

7. La capital de canadá es ottawa.
8. Está ubicada junto al río ottawa en la provincia de ontario.
9. En julio la tía rita y yo visitamos la galería nacional de canadá.
10. Tiene obras de arte de europa y de canadá.

3 Comas en una serie *(pág. 157)* Agrega las comas que correspondan en cada una de estas oraciones.

11. Me visitaron Jorge Andrés y Elena.
12. Los llevé a un museo a la playa y a un estudio de televisión.
13. Jorge sacó fotos escribió postales y compró objetos de recuerdo.
14. ¿Compró uno dos o tres regalos?

4 Más usos de las comas *(pág. 162)* Agrega las comas que correspondan en las siguientes oraciones.

15. Eduardo ¿sabes qué hora es?
16. ¿Por qué lo preguntas Elena? No estamos de prisa.
17. No pero quisiera llegar al centro temprano.
18. Como vamos a estar cerca de la librería quisiera comprar un regalo.

5 Comillas en citas *(pág. 167)* Escribe cada oración agregando las comillas y otra puntuación necesaria.

19. No corras me gritó mi mamá. ¿No ves que el piso está mojado?
20. Mi abuelo decía: Al que madruga Dios lo ayuda.
21. El respeto al derecho ajeno es la paz dijo Benito Juárez.
22. El perro se ha dicho es el mejor amigo del hombre.
23. Un verso de Machado dice Caminante, no hay camino.

6 Raya o guión largo *(pág. 169)* Escribe cada oración del siguiente diálogo usando los guiones largos.

24. ¿Fuiste ayer al estadio? preguntó José.
25. No respondí, no fue posible.
26. El partido estuvo muy bueno dijo José. Ganaron las Águilas.
27. Escuché las noticias. Me habría gustado ir.
28. Después comimos hamburguesas, agregó José. A mí me encantan.
29. Tal vez la próxima vez le dije. Ya habrá otro juego.
30. Seguro aclaró José, la próxima semana.

7 Interjecciones *(pág. 172)* Escribe cada oración y agrega los signos de puntuación necesarios.

31. Vaya qué buenos boletos compraste.
32. Caramba qué obra tan divertida.
33. Qué barbaridad No paré de reír.
34. Bravo Qué bien actuaron todos.
35. Uy cómo aplaudieron los espectadores.

8 Títulos *(pág. 174)* Escribe cada oración correctamente. Subraya los títulos o ponlos entre comillas.

36. El libro que estoy leyendo se titula por qué las mareas suben y bajan.
37. Durante el viaje en autobús, la clase cantó el sueño imposible.
38. Mi mamá lee la revista vida moderna todos los sábados.
39. Acabo de leer el cuento los forasteros que vinieron a la ciudad.
40. El poema nieve es muy corto.

9 División en sílabas *(pág. 176)* Divide cada palabra en sílabas y subraya los diptongos.

41. colegio
42. impresión
43. viaje
44. Atlántico
45. construir
46. maíz
47. duele
48. Raúl
49. ingrediente
50. muchedumbre

10 Agudas, llanas y esdrújulas *(pág. 179)* Escribe si cada palabra es *aguda*, *llana* o *esdrújula*.

51. planta
52. víboras
53. Diego
54. papel
55. sábado
56. dibujos
57. Tomás
58. Raúl
59. tímpano
60. frágil

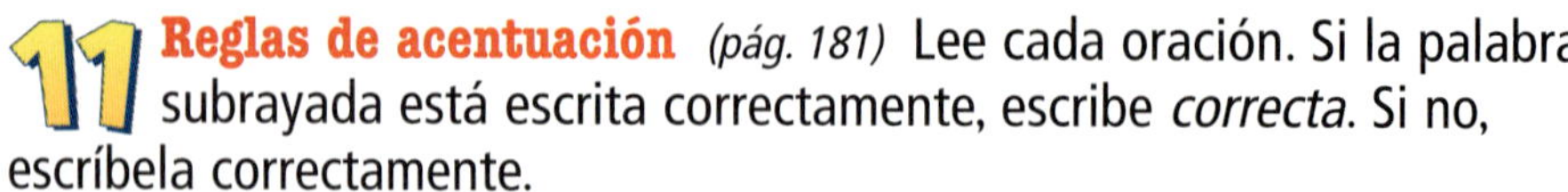

11 Reglas de acentuación *(pág. 181)* Lee cada oración. Si la palabra subrayada está escrita correctamente, escribe *correcta*. Si no, escríbela correctamente.

61. Escribí una carta para Gustava.
62. La mandan por autobus.
63. La puse en un sobre azúl.
64. Tiene azucar y pegamento natural.
65. Es un héroe para el pueblo.
66. Dibuja una lampara de aceite.

12 Diéresis: gue, gui, güe, güi *(pág. 184)* Escribe cada oración y añade las diéresis que faltan.

67. Las flores de esa planta echan una aguita olorosa.
68. Las cigueñas son aves bastante grandes.
69. Tengo una amiga nicaraguense.
70. Ese unguento es muy efectivo.
71. Ese cuadro es una antiguedad.

Repaso mixto 72–80. Este artículo tiene cuatro errores en el uso de mayúsculas y cinco errores de puntuación. Escríbelo correctamente.

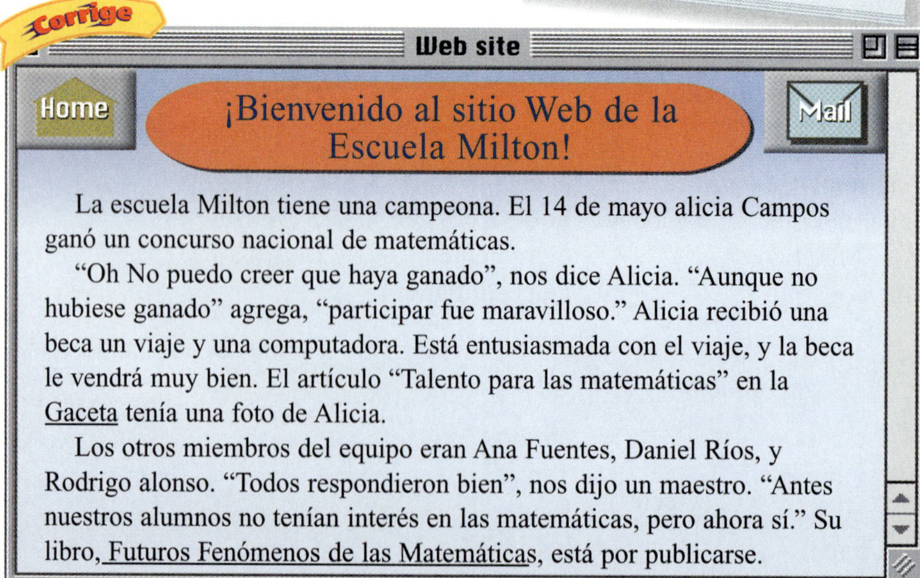

¡Bienvenido al sitio Web de la Escuela Milton!

La escuela Milton tiene una campeona. El 14 de mayo alicia Campos ganó un concurso nacional de matemáticas.

"Oh No puedo creer que haya ganado", nos dice Alicia. "Aunque no hubiese ganado" agrega, "participar fue maravilloso." Alicia recibió una beca un viaje y una computadora. Está entusiasmada con el viaje, y la beca le vendrá muy bien. El artículo "Talento para las matemáticas" en la Gaceta tenía una foto de Alicia.

Los otros miembros del equipo eran Ana Fuentes, Daniel Ríos, y Rodrigo alonso. "Todos respondieron bien", nos dijo un maestro. "Antes nuestros alumnos no tenían interés en las matemáticas, pero ahora sí." Su libro, Futuros Fenómenos de las Matemáticas, está por publicarse.

Examen de práctica

Ahora escribe los números 1–4 en tu hoja. Lee el pasaje y fíjate en cada oración subrayada. Decide si está correcta o, si no, qué tipo de error contiene. Escribe la letra de la respuesta correcta.

Calle del Pino 1329

Loma Hermosa, CA 97323

29 de diciembre de 2001

Querida tía Consuelo:

¡No sabes cómo me gusta el libro que me enviaste, *Corazón*, por edmundo D'Amici! (1) Todas las historias son motivadoras interesantes, y tiernas. (2) No conozco a nadie como los protagonistas del libro en Loma Hermosa ni en ningun otro lugar. (3) ¿Tú sí? ¡Es increíble!

Bueno eso es todo por ahora. (4) Sólo quería saludarte y darte las gracias por el libro. Ojalá que vengas pronto.

Tu sobrino,

Fabio

1 **A** Ortografía
B Uso de mayúsculas
C Puntuación
D Oración correcta

2 **F** Ortografía
G Uso de mayúsculas
H Puntuación
J Oración correcta

3 **A** Ortografía
B Uso de mayúsculas
C Puntuación
D Oración correcta

4 **F** Ortografía
G Uso de mayúsculas
H Puntuación
J Oración correcta

continúa ▶

Examen de práctica *continuación*

Escribe los números 5–6 en tu hoja. Lee el pasaje y busca las partes subrayadas y numeradas. Estas partes pueden ser:

- **oraciones incompletas**
- **uniones incorrectas**
- **oraciones correctas que se deben combinar**
- **oraciones correctas que no requieren ningún cambio**

Escoge la mejor manera de escribir cada parte subrayada y escribe la letra de la respuesta. Si no hace falta ninguna corrección, escribe la letra de "Oraciones correctas".

El idioma que se habla en Brasil y Portugal es el portugués. (5) Este idioma se originó del latín. El latín era el idioma que hablaban los antiguos romanos. Francia, España, Portugal e Italia fueron parte del Imperio Romano. El latín era el idioma oficial de todo el imperio. (6) Hoy en día, aun después de cientos de años, todavía existen vestigios. Existen vestigios del latín en idiomas como el portugués.

5 **A** Este idioma se originó del latín. El idioma que hablaban los antiguos romanos era el latín.

B Este idioma se originó del latín, el idioma que hablaban los antiguos romanos era el latin.

C Este idioma se originó del latín, el idioma que hablaban los antiguos romanos.

D Oraciones correctas

6 **F** Hoy en día aun después de cientos de años todavía existen vestigios del latín en idiomas como el portugués.

G Hoy en día, aun después de cientos de años, todavía existen vestigios del latín en idiomas como el portugués.

H Hoy en día, aun después de cientos de años, todavía existen vestigios, existen en idiomas como el portugués.

J Oraciones correctas

(págs. 152–153)

1 Puntuación de oraciones

- Usa un **punto** para cerrar una oración enunciativa o imperativa.
- Usa **signos de interrogación** para encerrar una oración interrogativa.
- Usa **signos de exclamación** para encerrar una oración exclamativa.

Corrige la puntuación de estas oraciones. Indica si son *enunciativas, interrogativas, imperativas* o *exclamativas.*

Ejemplo: Las naciones tienen banderas
Las naciones tienen banderas. *enunciativa*

1. Cuál es la bandera de los Estados Unidos
2. Cada estado de la nación tiene su propia bandera.
3. Mira esta bandera de Texas
4. Qué hermosa bandera es
5. Por qué tiene sólo una estrella

(págs. 154–156)

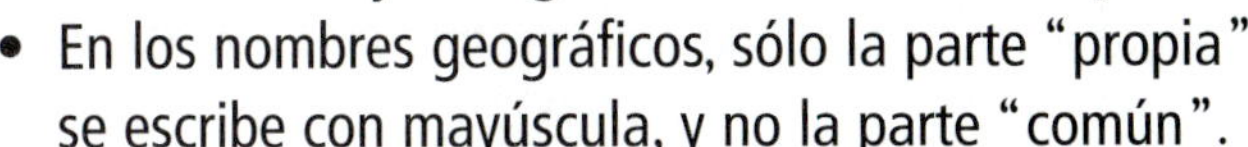

2 Sustantivos propios

- Los sustantivos propios, las abreviaturas de tratamientos y las siglas se escriben con mayúscula.
- En los nombres geográficos, sólo la parte "propia" se escribe con mayúscula, y no la parte "común".

Escribe con mayúscula las palabras que lo necesiten.

Ejemplo: Mucha gente ha venido a estados unidos. *Estados Unidos*

1. Los colonos que vinieron de gran bretaña fueron unos de los primeros pobladores del país.
2. Fundaron una colonia en plymouth, massachusetts.
3. Muchos comerciantes se establecieron en lo que es actualmente el territorio de canadá.
4. Muchos ciudadanos de europa viajaron a américa.
5. Vinieron a la isla ellis en la bahía de nueva york.

(págs. 157–159)

3 Comas en una serie

- Usa comas para separar los elementos de una serie. Las comas indican dónde se debe hacer una pausa.
- No pongas coma antes de la conjunción que enlaza los dos últimos elementos.

Con cada grupo de palabras, escribe una oración que contenga una serie. Separa los elementos de la serie con comas y una conjunción.

Ejemplo: lámparas – mesas – jarrones
Son nuevas las lámparas, las mesas y los jarrones.

1. sábanas – toallas – frazadas
2. platos – vasos – cubiertos
3. lavar – raspar – pintar
4. pintura – alfombras – cortinas
5. cuadro – calendario – cartel – fotografía

(págs. 162–164)

4 Más usos de las comas

- Usa coma para separar las partes de una oración compleja que comienza con conjugación subordinativa (*aunque, cuando, como,* etc.).
- Usa comas para separar una aposición.
- Usa una coma después de palabras de introducción como *bueno, sí* y *no.*
- Usa comas para separar los vocativos.

Escribe cada oración agregando las comas que sean necesarias.

Ejemplo: Un buque el Baychimo zarpó con rumbo al norte en 1931.
Un buque, el Baychimo, zarpó con rumbo al norte en 1931.

1. Aunque el buque trató de escapar quedó atrapado en el hielo.
2. John Cornwell el capitán ordenó abandonar el buque.
3. Durante una tormenta una terrible ventisca el buque desapareció.
4. Sí el buque se fue a la deriva sin nadie a bordo.
5. ¿Dónde aprendiste todo esto Anita?

(págs. 167–168)

5 Comillas en citas

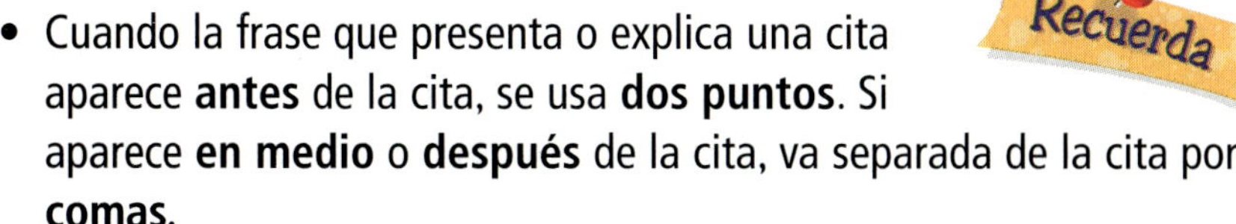

- Cuando la frase que presenta o explica una cita aparece **antes** de la cita, se usa **dos puntos**. Si aparece **en medio** o **después** de la cita, va separada de la cita por **comas**.
- Las comas y los puntos por lo general van después de las comillas que cierran una cita. En los casos en que una cita comienza y termina la oración, el punto final va antes de las comillas.

Escribe cada oración añadiendo las comillas y otra puntuación necesaria.

Ejemplo: Mi padre decía Serenidad y paciencia.
Mi padre decía: "Serenidad y paciencia".

1. Tierra y libertad son palabras de Emiliano Zapata.
2. Dulce dijo el escritor es morir por la patria.
3. Ni me lo menciones, por favor se quejó mi amiga.
4. ¿Conoces el refrán que dice Árbol que crece torcido...?

(págs. 169–171)

6 Raya o guión largo

- Se empieza un párrafo nuevo cada vez que cambia el personaje que habla. Siempre se empieza con un guión seguido de algo que dice el personaje.
- Las frases explicativas se separan del resto de la cita con rayas. Cuando la frase explicativa aparece en medio de la cita, las comas y puntos se escriben después de la raya que cierra la frase.

Escribe el siguiente diálogo poniendo los guiones necesarios.

Ejemplo: ¿Tu familia estará contenta? preguntó José.
—¿Tu familia estará contenta? —preguntó José.

1. ¿Cuándo llegará tu hermano? preguntó José.
2. No sé respondió Gloria. Aún no ha llamado.
3. ¿Qué tal le fue en la escuela? indagó José interesado.
4. Creo que bien. Al menos eso dijo.

(págs. 172–173)

7 Interjecciones

- Una interjección expresa un sentimiento fuerte.
- Se escribe entre signos de exclamación si es una oración independiente. Si forma parte de una oración, va separada por comas.

Escribe cada oración con la puntuación correcta.

Ejemplo: ¡Oh no es posible que seas tú!
¡Oh, no es posible que seas tú!

1. Dios mío, cómo has cambiado.
2. Uy, si hace años que no nos vemos.
3. Qué barbaridad Espero no haberte ofendido.
4. De ningún modo. Tú nunca me ofendes.
5. Ay, qué alivio que lo digas.

(págs. 174–175)

8 Títulos

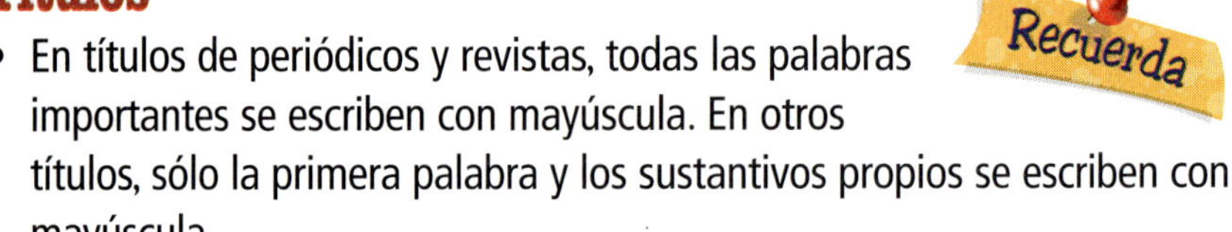

- En títulos de periódicos y revistas, todas las palabras importantes se escriben con mayúscula. En otros títulos, sólo la primera palabra y los sustantivos propios se escriben con mayúscula.
- Los títulos de libros, revistas, periódicos, películas y otras obras se subrayan o se ponen en *cursiva*. Encierra entre comillas los títulos de cuentos, artículos, canciones, poemas y capítulos de libros.

Escribe cada oración agregando la puntuación y las mayúsculas necesarias.

Ejemplo: Norah Lange escribió el libro cuadernos de infancia.
Norah Lange escribió el libro Cuadernos de infancia.

1. Norah Lange también escribió el libro los dos retratos.
2. Nos reímos al leer el poema titulado qué raro pájaro es el sapo.
3. Luis es reportero del diario de noticias, nuestro periódico local.
4. Me encanta cómo él canta la guantamera.
5. Esa información aparece en el capítulo comienzo de la guerra.

(págs. 176–178)

9 División en sílabas

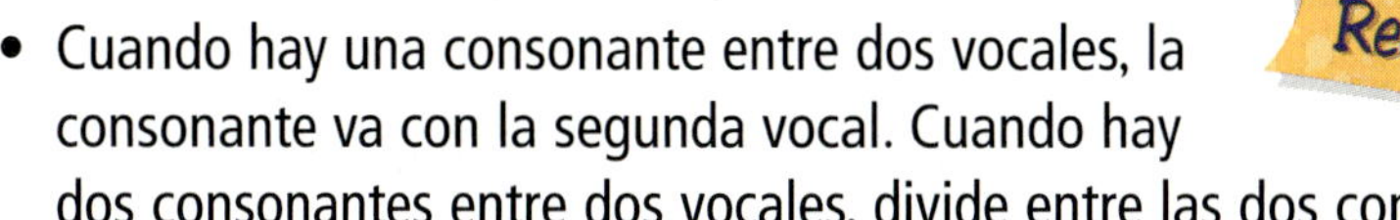

- Cuando hay una consonante entre dos vocales, la consonante va con la segunda vocal. Cuando hay dos consonantes entre dos vocales, divide entre las dos consonantes.
- Nunca dividas *ch, ll, rr,* o las combinaciones de consonantes tales como *bl, br, cl, cr, dr, fl, fr, gl, gr, pl, pr* y *tr*. Nunca dividas los diptongos.
- Recuerda que si una vocal débil lleva acento, el diptongo se rompe y las vocales se separan.

Divide cada palabras en sílabas. Subraya las sílabas con diptongos.

Ejemplo: hambriento *ham-brien-to*

1. llueve
2. triunfante
3. hinchazón
4. estricto
5. desprecio
6. glacial
7. arraigado
8. cloaca
9. cumplimiento

(págs. 179–180)

10 Agudas, llanas y esdrújulas

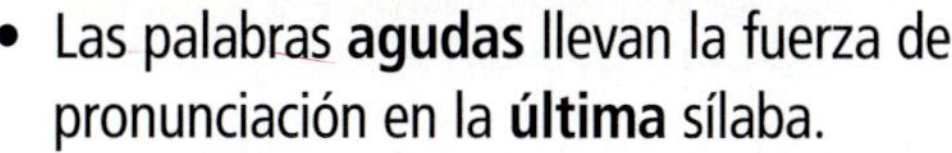

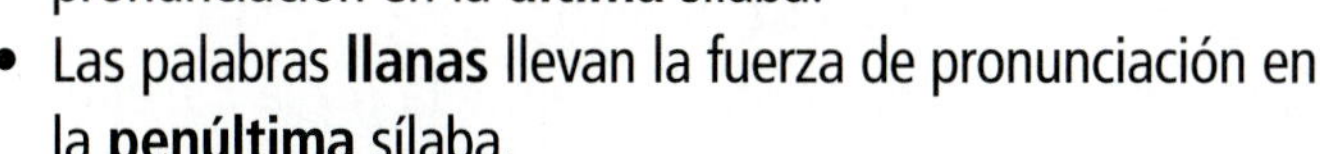

- Las palabras **agudas** llevan la fuerza de pronunciación en la **última** sílaba.
- Las palabras **llanas** llevan la fuerza de pronunciación en la **penúltima** sílaba.
- Las palabras **esdrújulas** llevan la fuerza de pronunciación en la **antepenúltima** sílaba.

Haz una lista de tres columnas encabezadas *Agudas, Llanas* y *Esdrújulas*. Escribe cada palabra de dos o más sílabas en la columna correspondiente.

Ejemplo: Llamé a mi tía por teléfono.

Agudas	*Llanas*	*Esdrújulas*
llamé	*tía*	*teléfono*

1. Mi abuelo toma café con azúcar.
2. Hice una pirámide en la clase de geometría.
3. El médico me recetó una medicina.
4. Podaré el jardín el próximo domingo.

(págs. 181–183)

11 Reglas de acentuación

- Las palabras agudas llevan acento escrito sólo si terminan en *n, s* o vocal.
- Las palabras llanas llevan acento escrito sólo si **no** terminan en *n, s* o vocal.
- Las palabras esdrújulas y sobresdrújulas siempre se acentúan.

Lee cada oración. Si la palabra subrayada está escrita correctamente, escribe *correcta*. Si no, escríbela correctamente.

Ejemplo: Ayer <u>celebre</u> mi cumpleaños. *celebré*

1. Mi mamá <u>cocino</u> un pastel de fresa.
2. Mi hermano me hizo un regalo <u>fantastico</u>.
3. Me regaló un <u>animál</u>.
4. El hámster es muy <u>rapido</u>.
5. Es pequeñito y muy <u>agil</u>.
6. Me voy a <u>divertir</u> mucho con él.

(págs. 184–185)

12 Diéresis: gue, gui, güe, güi

- La diéresis se usa para indicar que la *u* entre la *g* y la *i,* o entre la *g* y la *e,* se pronuncia.
- La *u* entre la *g* y la *a* o la *o* se pronuncia sin necesidad de usar diéresis.

Escribe cada oración añadiendo la diéresis en la palabra que corresponda.

Ejemplo: El guiro es un instrumento musical.
El güiro es un instrumento musical.

1. La linguística estudia la lengua y su evolución.
2. ¡Ay, qué aguita tan limpia y fresca!
3. La cigueña es un ave muy conocida.
4. Una paraguería es un lugar donde hacen paraguas.
5. Mi gatito se ha lastimado la lenguita y no puede comer.
6. La yegua de mi tío acaba de tener una yeguita.

Unidad 6

Pronombres

Tú verás hermosos grabados.
Los verás en las escaleras.
Te llaman para que subas
y te eleves al espacio.

1 Pronombres y antecedentes

Para comenzar

Lee las siguientes oraciones. ¿A qué palabra de la primera oración se refiere la palabra ***ella*** en la segunda oración?

—Yo también me pondré joven y buen mozo como la mora. Tal vez así ella me quiera.

—tomado de *El cocuyo y la mora*, de Fray Cesáreo de Armellada

- Ya sabes usar sustantivos en oraciones. Un **pronombre** reemplaza a uno o más sustantivos. Si usas un pronombre, evitas tener que repetir el sustantivo.

  Lisa vino a visitarme. Lisa no me veía desde hace mucho tiempo.
  Lisa vino a visitarme. Ella no me veía desde hace mucho tiempo.

- Los pronombres tienen distintas formas según su función en la oración. La **forma de sujeto** reemplaza sustantivos en el sujeto.

Pronombres personales: Forma de sujeto	
Singular	**Plural**
yo	nosotros, nosotras
tú, usted	vosotros, vosotras, ustedes
él, ella	ellos, ellas

- El sustantivo al que el pronombre reemplaza es su **antecedente**. El pronombre debe concordar con su antecedente. Es decir, debe ser del mismo número (singular o plural) y género (masculino o femenino).

  Fui a visitar a mis tíos. Ellos viven en Panamá.

- Un pronombre puede tener más de un antecedente.

  Lisa y María vinieron a visitarme, y Juan decidió venir con ellas.

- El antecedente no tiene que estar en la misma oración que el pronombre.

  Sofía y Amalia son excelentes alumnas. Ellas me ayudan con mis tareas.

Inténtalo

En voz alta Reemplaza con un pronombre las palabras subrayadas.

1. <u>Tomás y Carolina</u> caminaron a casa.
2. <u>Nora</u> también se fue a pie.
3. <u>Las calles</u> estaban vacías.
4. <u>Guillermo</u> contestó la puerta.
5. <u>Ana</u> miró el cielo despejado.
6. <u>Los amigos</u> entraron a la casa.
7. <u>Nora</u> preparó café.
8. <u>Tomás</u> no tomó nada.

- Un **pronombre** reemplaza a uno o más sustantivos.
- El **antecedente** de un pronombre es el sustantivo o los sustantivos a los cuales reemplaza.
- Un pronombre debe concordar en género y número con su antecedente.

Por tu cuenta

Identifica los pronombres y sus antecedentes.

Ejemplo: La maestra llegó a clase. Ella traía muchos libros.
Ella *maestra*

9. Alicia toca el violín. Ella pertenece a la orquesta.
10. Luis y yo fuimos al concierto. Nosotros teníamos boletos gratis.
11. Vimos a Lucía en la fila de atrás. Ella no nos vio.
12. Los músicos empezaron a tocar. Ellos se veían nerviosos.
13. La cantante salió al escenario. Ella hizo una reverencia.
14. Los trompetistas no se oyeron. Ellos olvidaron su partitura.
15. El director de la orquesta salvó la noche. Él conservó la calma.

continúa ▶

Por tu cuenta continuación

16–21. Este editorial de un periódico escolar electrónico tiene seis pronombres incorrectos. Escríbelo correctamente.

Ejemplo: La Srta. Gómez es la directora. Ellos apoya nuestro proyecto.
La Srta. Gómez es la directora. Ella apoya nuestro proyecto.

Corrige

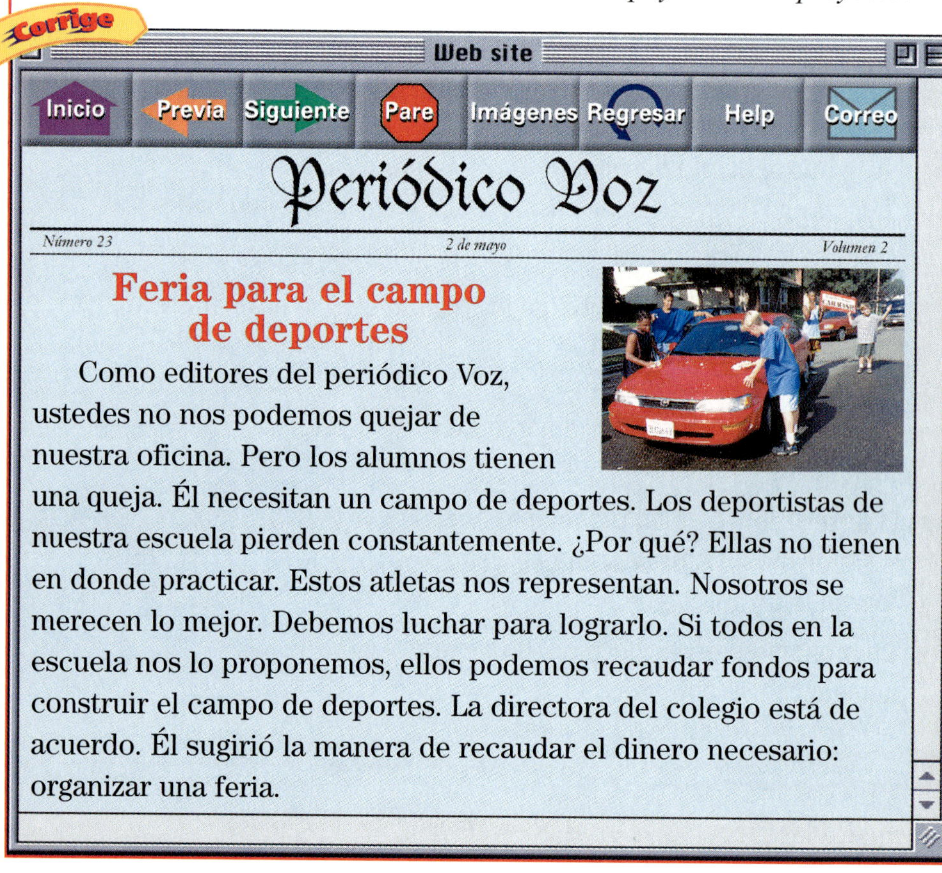

Periódico Voz

Número 23 — 2 de mayo — Volumen 2

Feria para el campo de deportes

Como editores del periódico Voz, ustedes no nos podemos quejar de nuestra oficina. Pero los alumnos tienen una queja. Él necesitan un campo de deportes. Los deportistas de nuestra escuela pierden constantemente. ¿Por qué? Ellas no tienen en donde practicar. Estos atletas nos representan. Nosotros se merecen lo mejor. Debemos luchar para lograrlo. Si todos en la escuela nos lo proponemos, ellos podemos recaudar fondos para construir el campo de deportes. La directora del colegio está de acuerdo. Él sugirió la manera de recaudar el dinero necesario: organizar una feria.

¡Ahora, a escribir!

ESCRIBIR • PENSAR • ESCUCHAR • HABLAR

PERSUADIR

Escribe un editorial

¿Qué podrías decir en contra del editorial de arriba? Piensa en otras necesidades de la escuela, en el tiempo que tendrían que invertir los alumnos y en otros temas relacionados. Presenta razones convincentes que respalden tu opinión. Usa los pronombres que conoces. Luego, léele tu editorial a un compañero y pídele que exprese en sus propias palabras la idea principal.

Práctica adicional: página 222

2 Formas de complemento directo y complemento indirecto

Para comenzar

Lee las siguientes oraciones. ¿A qué se refieren las palabras ***la*** y ***le***?

El águila voló hacia mí. Yo la vi y le grité: "¡Ea! ¡Fuera de aquí!"

- La forma de **complemento directo** de los pronombres se usa para reemplazar sustantivos que reciben la acción **directa** del verbo. La forma de **complemento indirecto** de los pronombres se usa para reemplazar sustantivos que reciben la acción **indirecta** del verbo.

Complemento directo		Complemento indirecto	
me	nos	me	nos
te	os	te	os
lo, la	los, las	le	les

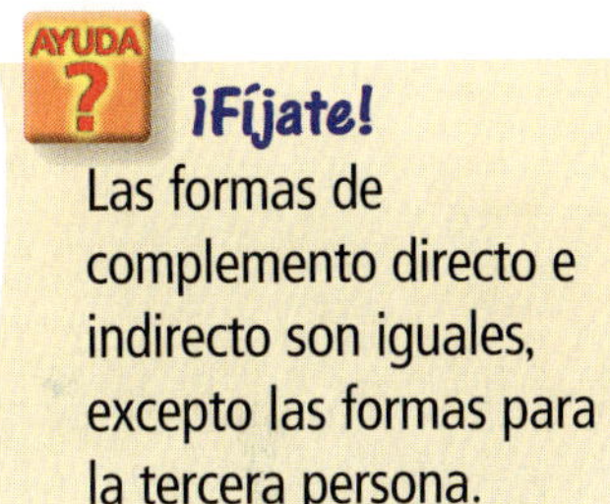

¡Fíjate!

Las formas de complemento directo e indirecto son iguales, excepto las formas para la tercera persona.

Complemento directo: Necesito mis llaves. Las necesito.

Complemento indirecto: Entregaste las llaves a tus padres. Les entregaste las llaves.

- Fíjate en los ejemplos de arriba que las formas de complemento directo e indirecto van por lo general **antes** del verbo. Sin embargo, van unidas a un verbo en infinitivo o en imperativo.

¿Cuándo vas a entregarlas?

Encuéntralas pronto.

- Cuando las formas de complemento indirecto *le* o *les* se usan junto con las formas de complemento directo *lo*, *la*, *los* o *las*, cambian a *se*.

Les entregó las llaves. Se las entregó.

Inténtalo

En voz alta Di si las palabras subrayadas son pronombres de complemento directo o de complemento indirecto.

1. Las águilas son hermosas. Yo las estoy estudiando.
2. Le cosí un emblema de águila a mi uniforme.
3. El águila es un símbolo. Lo ves por todas partes.
4. En el Sello Oficial de los Estados Unidos la puedes ver.
5. Le di un libro sobre águilas a mi prima.
6. Años atrás las cazaban.
7. La contaminación ambiental les hace daño.
8. Actualmente las protege la ley.
9. Ya había visto un nido. Lo fotografié.
10. Gerardo sólo las conoce en fotografía.

- Los pronombres de **complemento directo (*me, te, la, lo, nos, os, los, las*)** se usan para reemplazar sustantivos que reciben la acción directa del verbo.
- Los pronombres de **complemento indirecto (*me, te, le, nos, os, les*)** se usan para reemplazar sustantivos que reciben la acción indirecta del verbo.

Por tu cuenta

Escribe cada oración escogiendo el pronombre correcto entre paréntesis.

Ejemplo: Sus alas son enormes. (Las, Les) extienden en el aire.
Sus alas son enormes. Las extienden en el aire.

11. (Les, Las) pueden tener hasta de dos metros.
12. Raquel (les, las) tomó fotografías a las águilas.
13. (Mi, Me) regaló algunas.

continúa ▶

Por tu cuenta continuación

14. Sergio corrió hacia las águilas y (las, les) asustó.
15. Rosa estudia sus costumbres porque (les, las) admira.

16–22. Este fragmento de un ensayo tiene siete errores en los pronombres de complemento directo e indirecto. Escríbelo correctamente.

Ejemplo: El águila no lo tiene miedo a nadie.
El águila no le tiene miedo a nadie.

Símbolo de la nación

En 1776 Benjamin Franklin y otros trataron de crear un diseño para un escudo nacional. Sin embargo, el intento los falló. En 1782 William Barton trató de nuevo y esta vez le logró. Dibujó un águila y le convirtió en el símbolo de nuestra nación. Las águilas son poderosas en la caza, y los seres humanos les hemos admirado desde tiempos antiguos. Aún los admiramos por su fuerza y valentía. Sin embargo, a Franklin no le gustaba esa idea. Él prefería el pavo como símbolo nacional porque representa la paz. Yo lo doy la razón a Franklin. No me gusta el águila como símbolo. Sería mejor reemplazarle con un animal inteligente, como el lobo, o uno trabajador, como el castor.

¡Ahora, a escribir!

ESCRIBIR • PENSAR • ESCUCHAR • HABLAR

EXPRESAR

Escribe un ensayo

Imagina que tienes que diseñar el escudo de tu escuela. Escoge un objeto, un animal o una persona como símbolo. Escribe un breve ensayo explicando por qué representa a tu escuela. Usa los pronombres correctamente. Reúnete con tus compañeros para comentar sus ensayos y los símbolos que escogieron.

Práctica adicional: página 222

Escribir con pronombres

Escribir claramente con pronombres Cuando uses pronombres en tus escritos, tienes que asegurarte de que el lector entienda a qué sustantivos se refiere cada pronombre. Si el contexto no deja claro a qué se refiere el pronombre, debes escribir los sustantivos.

Confuso
Era su primer año en el equipo de porristas.
Las levantaron sobre sus hombros.
Ellas hicieron piruetas.

Claro
Era el primer año de Marta y Julia en el equipo de porristas.
Las porristas con experiencia levantaron a Marta y a Julia sobre sus hombros.
Marta y Julia hicieron piruetas.

Aplícalo

1–6. En este artículo los seis pronombres subrayados no están claros. Escribe el artículo nuevamente con los sustantivos o frases necesarios.

Revisa

Nuestro equipo de porristas ganó el campeonato

Los Galácticos, nuestro equipo de porristas, compitió contra otros quince equipos. <u>Ellos</u> ganaron el primer lugar. Los porristas ejecutaron el salto mortal y otros sorprendentes saltos y formaciones como la Pirámide Humana y el Escorpión. <u>Esto</u> es muy difícil. <u>Ellos</u> les ganaron a los demás equipos.

Rita, la capitana del equipo, se torció el tobillo la semana pasada. La entrenadora pensó que <u>ella</u> no podría participar, pero <u>ella</u> nos sorprendió y se recuperó rápidamente. Felicidades a <u>ella</u> y a su equipo.

continúa

Evitar saturación de pronombres Si repites pronombres una y otra vez, tus escritos sonarán monótonos. Es mejor usar sustantivos combinados con pronombres, o eliminar el pronombre, dejando el sujeto implícito.

Demasiados pronombres
Los compañeros están organizando un centro de reunión. Ellos están reclutando miembros para este club. Ellos se están esforzando para lograrlo. Ellos organizan fiestas y espectáculos. ¡Ellos quieren apoyar a nuestros magníficos atletas!

Combinación de sustantivos, pronombres y sujeto implícito
Los compañeros están organizando un centro de reunión. Están ahora reclutando miembros para este club. Los muchachos se están esforzando para lograrlo. Ellos organizan fiestas y espectáculos. ¡Estos incansables jóvenes quieren apoyar a nuestros magníficos atletas!

Aplícalo

7–10. Escribe este boletín de un club eliminando los pronombres repetidos o reemplazándolos con sustantivos.

Revisa

M

Actividades

- ¡Hoy se efectuará nuestra carrera anual! Ella se llevará a cabo en el estadio. El entrenador va a hablar de ella. Ella será grandiosa.
- El club repartirá banderas a la hora del almuerzo. Las usaremos para la carrera y las pegaremos en los casilleros. Las ondearemos durante los juegos.
- En el club se están vendiendo las playeras. Ellas tienen nuestra mascota estampada. Ellas vienen en los colores de nuestra escuela.
- Los miembros están recolectando comida enlatada. Ellos han conseguido latas en la cafetería. Ellos recibirán tus donativos junto a los casilleros. Ellos llevarán los donativos a los damnificados.

Gramática

3 Adjetivos como pronombres

Para comenzar

¿A qué se refieren las palabras ***el blanco*** en la siguiente pregunta?

¿Te gusta más el gatito negro o el blanco?

- Los adjetivos calificativos pueden funcionar como pronombres, es decir, pueden reemplazar a un sustantivo del mismo modo que los pronombres.

  Paulina tiene una libreta blanca y otra rosada.

  El adjetivo ***rosada*** aquí funciona como pronombre y reemplaza la frase ***libreta rosada***.

  Carlos tiene dos perros. Me gusta más el grande.

  El adjetivo ***grande*** reemplaza la frase ***perro grande***.

- Los adjetivos posesivos pueden funcionar de la misma manera. Cuando los adjetivos posesivos funcionan como pronombres, reciben el nombre de **pronombres posesivos**. Los pronombres posesivos son ***mío, tuyo, suyo, nuestro*** y ***vuestro,*** con sus femeninos y plurales.

  ¿Quieres jugar con las raquetas mías o con las tuyas?

  El adjetivo ***tuyas*** aquí funciona como pronombre y reemplaza la frase ***raquetas tuyas***.

Inténtalo

En voz alta Lee estas oraciones. ¿Qué adjetivos funcionan como pronombres?

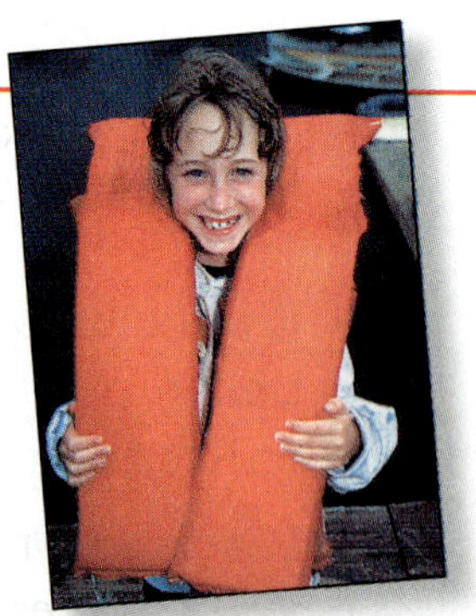

1. Nosotros sacamos el bote azul y ellos el blanco.
2. A todos nos dieron salvavidas. El suyo es rojo.
3. Marlene escogió el verde.

continúa ▶

Inténtalo continuación

4. Yo tengo varios muñecos. El peludo es mi favorito.
5. Sacó todas las fotografías. Las mías salieron chistosas.
6. Encontré una moneda nueva y otra vieja.
7. Frida llevó dos vestidos. El corto le quedaba mejor.
8. Encontramos varias conchas, pero perdimos las pequeñas.
9. Las suyas eran más grandes.
10. Las nuestras las usamos para hacer collares.

- Los adjetivos calificativos pueden funcionar como pronombres en la oración.
- Los adjetivos posesivos también pueden funcionar como pronombres y a veces reciben el nombre de **pronombres posesivos**. Los pronombres posesivos son ***mío, tuyo, suyo, nuestro*** y ***vuestro,*** con sus femeninos y plurales.

Por tu cuenta

Piensa en una frase con un adjetivo en función de pronombre que pueda reemplazar las palabras subrayadas en cada oración. Escribe la frase.

Ejemplo: El vaso rojo es de Luis. El vaso verde es de René.
El verde

11. El anuncio del boletín es el que pusimos nosotros.
12. El que puso ella saldrá la próxima semana.
13. No te lleves todos mis colores, pero te presto el color morado.
14. El té de limón es bueno y el té amargo también.
15. Mi tarea es muy difícil, pero la tarea que tú tienes que hacer no.
16. Yo pinté mi cuarto y José pintó el cuarto de él.
17. ¿Ese escritorio realmente es el que te pertenece a ti?
18. Este paraguas está roto. Necesitamos un paraguas nuevo.
19. Tu salón es más grande que el salón de nosotros.

continúa ▶

Por tu cuenta continuación

20–23. En estos consejos de jardinería que escribió Laura, las frases subrayadas se pueden hacer más concisas usando adjetivos en función de pronombre. Revisa las instrucciones para hacerlas más concisas.

Ejemplo: Si tienes varios guantes, guarda los guantes nuevos y usa los guantes viejos.

Si tienes varios guantes, guarda los nuevos y usa los viejos.

Revisa

Para un hermoso jardín

- Las herramientas para podar son delicadas. Nunca dejes las herramientas que te pertenecen a ti bajo la lluvia.
- Si tienes camotes de tuberosas, pon los camotes que sean más grandes en macetas.
- Los tulipanes son muy vistosos, sobre todo los tulipanes que son amarillos.
- Hay muchos diseños posibles para jardines. El jardín que diseñé yo refleja mi personalidad.
- Y recuerda: ¡Ten cuidado por dónde caminas!

¡Ahora, a escribir!

ESCRIBIR • PENSAR • ESCUCHAR • HABLAR

INFORMAR

Escribe instrucciones

Imagina que eres jardinero y acabas de contratar a un ayudante. Escribe las instrucciones de cómo debe cuidar el jardín. Usa adjetivos calificativos y posesivos en función de pronombre. Léele tus instrucciones a un compañero y pídele que señale todos los adjetivos usados como pronombres.

Práctica adicional: página 223

4 Pronombres demostrativos

Lee la siguiente oración. ¿A quién se refiere la palabra ***éste*** en la segunda oración?

El único que utilizaba la puerta secreta era el menor de la familia [. . .] Éste se llamaba Minisurumbullo.

—tomado de "Minisurumbullo y el dulce de icaco" en *Cuentos de enredos y travesuras*, de Carmen Rivera Iscoa

- Ya sabes que los adjetivos calificativos y los adjetivos posesivos pueden funcionar como pronombres en la oración, y que cuando los adjetivos posesivos se usan en función de pronombre, a veces se llaman pronombres posesivos.
- Los **adjetivos demostrativos** también pueden funcionar como pronombres.

  Esta casa es azul, pero aquélla es verde.

  El demostrativo ***aquélla*** funciona aquí como pronombre y reemplaza la frase ***aquella casa***.

  Aquel perro es mucho más grande que éste.

  El demostrativo ***éste*** reemplaza la frase ***este perro***.

AYUDA ? **¡Fíjate!**
Recuerda que los adjetivos demostrativos son ***este, ese*** y ***aquel,*** con sus femeninos y plurales.

- Cuando los adjetivos demostrativos funcionan como pronombres, se llaman **pronombres demostrativos**. Se acostumbra, sobre todo en Estados Unidos, acentuar siempre los pronombres posesivos para distinguirlos de los adjetivos posesivos.

Pronombres demostrativos		
ésta, ésta, éstos, éstas	ése, ésa, ésos, ésas	aquél, aquélla, aquéllos, aquéllas

- Los demostrativos neutros ***esto, eso*** y ***aquello*** nunca se acentúan porque siempre son pronombres y no hace falta distinguirlos con el acento.

  Esto es lo que ella quería.

Inténtalo

En voz alta ¿Cuál es la mejor de las dos formas entre paréntesis?

1. Las tiendas de verduras me encantan. Yo siempre compro en (esta, ésta).
2. (Esa, Ésa) verdura no está fresca.
3. (Aquella, Aquélla) sí se ve más fresca.
4. (Éstos, Estos) son los mejores melones.
5. Un tendero me dijo que (éstas, estas) peras están más maduras.
6. (Aquél, Aquel) sabe los precios.
7. Hay varios tipos de papas, pero a mí me gustan (éstas, estas).
8. (Ésta, Esta) ensalada tiene aceitunas.
9. (Ésa, Esa) también se ve muy rica.
10. A veces dan descuentos. (Éso, Eso) me gusta mucho.

- Cuando los adjetivos demostrativos funcionan como pronombres, se llaman **pronombres demostrativos.** Los pronombres demostrativos son ***éste, ése*** y ***aquél,*** con sus femeninos y plurales. En Estados Unidos, se acostumbra siempre acentuarlos.
- Los demostrativos neutros ***esto, eso*** y ***aquello*** nunca se acentúan.

Por tu cuenta

Escribe cada oración con la forma preferible del demostrativo.

Ejemplo: Mario tiene un tren también, pero _____ es mío. (éste, este).
Mario tiene un tren también, pero éste es mío.

11. Este abrigo es el mío. _____ es el tuyo. (Aquel, Aquél)
12. _____ es nuestra tienda preferida. (Esta, Ésta)

continúa ▶

Por tu cuenta continuación

13. _____ es exactamente lo que necesito. (Eso, Éso)
14. _____ son mis libros. Alcánzamelos, por favor. (Aquellos, Aquéllos)
15. _____ de los precios bajos ya se acabó. (Aquello, Aquéllo)

16–23. La siguiente encuesta telefónica tiene ocho adjetivos o pronombres demostrativos incorrectamente acentuados. Escribe el cuestionario correctamente.

Ejemplo: Ésta estación se oye mejor. *Esta estación se oye mejor.*

Corrige

En sintonía

Encuestador: Buenos días. Habla la estación de radio KLIO. ¿Escucha usted siempre ésta estación?

Respondiente: No, yo escucho KNDA.

Encuestador: ¿Por qué prefiere usted ésa estación a esta?

Respondiente: Esa tiene mejor música. Ustedes sólo tocan rancheras, y esa música no me gusta. A mí me gustan los boleros. Éso sí es música.

Encuestador: Éste mes tenemos un programa especial de boleros. ¿Lo ha escuchado usted?

Respondiente: Sí. Fue aquélla vez que fui a la playa. Los boleros estaban bien, pero eso no es suficiente. Tienen que tener menos anuncios.

Encuestador: Gracias, señorita. Ésto nos ha ayudado mucho.

¡Ahora, a escribir!

ESCRIBIR • PENSAR • ESCUCHAR • HABLAR

INFORMAR

Escribe una entrevista

Entrevista a un compañero para averiguar cuáles son sus programas favoritos de radio o televisión. Prepara tus preguntas por adelantado. Graba tu entrevista para que la puedas copiar con facilidad. Trata de usar los pronombres que has estudiado. Luego, lean la entrevista e identifiquen los pronombres.

Práctica adicional: página 223

Gramática

5 Pronombres indefinidos

Lee las siguientes oraciones. ¿Cuál es el sujeto de la segunda oración? ¿A qué se refiere?

—No te preocupes. Todo tiene que salir bien.

—tomado de *Más batautos*, de Consuelo Armijo

- Ya sabes que los pronombres reemplazan a los sustantivos. Los sustantivos a los cuales reemplazan se llaman sus antecedentes. Los **pronombres indefinidos** no tienen antecedentes definidos. Un pronombre indefinido no se refiere a una persona, lugar o cosa específica.

  Alguien dejó un libro aquí.
  ¿Necesitas algo?

- Algunos pronombres indefinidos son singulares y van con un verbo en singular. Otros son plurales y van con un verbo en plural. Algunos tienen la misma forma para el masculino y para el femenino, y otros varían según el género.

  Singular: Alguien llama a la puerta.
  Plural: Todos quieren venir a la fiesta.
  Masculino: Algunos vinieron a caballo.
  Femenino: Una llegó en coche.

Pronombres indefinidos

Singular	Singular y plural	
alguien	alguno(a)	algunos(as)
nadie	uno(a)	unos(as)
algo	otro(a)	otros(as)
nada	mucho	muchos(as)
ninguno(a)	poco	pocos(as)

Inténtalo

En voz alta ¿Cuál es el pronombre indefinido de cada oración? ¿Está en singular o en plural?

1. Nadie habla durante la prueba.
2. Algunos ya han terminado.
3. Otros siguen trabajando.
4. Ninguno necesita ayuda.
5. Alguno podría ser el mejor alumno.
6. De repente, uno recuerda una respuesta.
7. ¿Sabe alguien la respuesta a la primera pregunta?

- Los **pronombres indefinidos** no tienen antecedentes definidos.
- Los pronombres indefinidos pueden ser invariables, o tener distintas formas para el singular y plural, masculino y femenino.
- El verbo debe concordar con el pronombre indefinido cuando éste es el sujeto de la oración.

Por tu cuenta

Escribe el pronombre indefinido seguido del verbo entre paréntesis que corresponda.

Ejemplo: Todos (está, están) en el salón de actos.
Todos están

8. Algunos (está, están) aprendiendo los bailes típicos.
9. Unos (requiere, requieren) mucha práctica.
10. Nadie (aprende, aprenden) los bailes rápidamente.
11. Pocos (ha, han) bailado bailes irlandeses o escoceses.
12. Algunos (da, dan) palmadas al compás de la música.

continúa ▶

Por tu cuenta continuación

13. ¿(Ha, Han) bailado alguien estos bailes alguna vez?
14. Uno (debe, deben) tener mucha energía para bailar bien.
15. Algunos (es, son) muy agotadores pero divertidos.
16. Muchos se (ha, han) detenido a descansar.

17–24. Este guión de televisión tiene ocho verbos incorrectos. Escríbelo correctamente.

Ejemplo: Ahora algunos está bailando.
Ahora algunos están bailando.

Baile con su televisor; no le pisará los pies.

Hoy nos encontramos en una clase de baile en la Academia Pasitos. Algunos en esta clase es principiantes. Veamos si alguien giran mejor en la pista según las indicaciones del instructor. Si alguien no prestan atención al que da las indicaciones, puede chocar con otros. Es entonces cuando algunos de estos maestros expertos ofrece su ayuda. Cuando todos está bailando otra vez al compás de la música, el baile continúa. Cuando nadie se equivocan, los participantes forman distintas figuras. Algunas es complicadas y otras es sencillas, pero todas son divertidas.

¡Ahora, a escribir!

ESCRIBIR • PENSAR • ESCUCHAR • HABLAR

DESCRIBIR

Escribe un anuncio

Piensa en algún acontecimiento futuro en tu comunidad, como una clase de baile, una excursión, un concierto, un evento deportivo o una recaudación de fondos. Escribe un aviso para anunciarlo en la Internet. Usa pronombres indefinidos. Léele tu anuncio a un grupo de compañeros y pídeles su opinión.

Práctica adicional: página 224

Escribir con pronombres

Combinar oraciones con pronombres Cuando dos oraciones tienen el mismo sujeto, se pueden combinar usando una conjunción. Aun cuando dos oraciones tienen distintos sujetos, a veces se pueden combinar o escribir concisamente con adjetivos en función de pronombres.

	Unidas con adjetivos en función de pronombres
En el hemisferio norte hay corrientes cálidas y corrientes frías. Las corrientes cálidas vienen del sur. Las corrientes frías vienen del norte.	En el hemisferio norte hay corrientes cálidas y corrientes frías. Las cálidas vienen del sur y las frías vienen del norte.
	Unidas con pronombres
Los *estudiantes* y sus *padres* escuchan el noticiero. *Sus padres* desean enterarse de lo que pasa en el mundo. *Los estudiantes* quieren saber si la escuela estará cerrada.	Los *estudiantes* y sus *padres* escuchan el noticiero. Éstos desean enterarse de lo que pasa en el mundo y aquéllos quieren saber si la escuela estará cerrada.

Aplícalo

1–3. Revisa este programa de radio para combinar las oraciones subrayadas usando adjetivos en función de pronombres.

Revisa

WMUS

David: Ésta es WMUS. ¡Lo mejor en música de todos tipos!

Luis: La música moderna agradará a los jóvenes. La música tradicional les gustará a sus padres.

David: Luis y yo tenemos programas en WMUS. El programa suyo se especializa en música clásica. El programa mío es de música "pop".

Luis: También tenemos otros programas. La música cubana lo hará bailar. La música china lo relajará.

continúa

Combinar oraciones con pronombres relativos Las palabras ***que*** y ***quien*** funcionan como pronombres, ya que pueden reemplazar los sustantivos. Estos pronombres se llaman **pronombres relativos.** A veces es posible combinar dos oraciones con estos pronombres, para hacer un escrito más claro y conciso.

Nuestra clase irá de excursión con el Sr. Ibarra. El Sr. Ibarra es nuestro maestro de inglés.	Nuestra clase irá de excursión con el Sr. Ibarra, que es nuestro maestro de inglés.
El Sr. Ibarra conoce a David, un locutor de radio. El Sr. Ibarra invitó a David a la excursión.	El Sr. Ibarra conoce a David, un locutor de radio, a quien invitó a la excursión.

Aplícalo

4–7. Escribe nuevamente este informe de una excursión. Combina las dos oraciones subrayadas utilizando los pronombres ***que*** o ***quien.***

Revisa

Nuestra excursión a WMUS

La visita a WMUS fue la mejor excursión que hemos tenido. <u>Nuestro guía fue David. David dirige el programa de la mañana.</u>

<u>Nosotros conocimos a Becky Meyers. Becky Meyers estaba comenzando su programa.</u> Ella trabaja en una pequeña cabina. <u>Becky respondió a las llamadas de los radioyentes. Ella trató a los radioyentes con mucha cortesía.</u> Ella es paciente aunque los que llaman hablen demasiado. <u>Becky nos presentó a algunos de los reporteros.</u> <u>Ellos investigan, escriben y leen sus historias.</u> ¡Aprendí sobre muchos trabajos diferentes que se hacen en la radio!

Prueba: Unidad 6

1 **Pronombres y antecedentes** *(pág. 198)* Escribe los pronombres y sus antecedentes. El antecedente puede estar en otra oración.

1. Rosa cría palomas. Ella las cuida en la azotea.
2. Las palomas entregan mensajes. Ellas están bien entrenadas.
3. Rosa enrolla el mensaje. Ella toma una paloma.
4. El mensaje es para Raúl. Él lo está esperando.
5. La paloma le lleva a Raúl el mensaje. Ella vuela rápido.

2 **Formas de complemento directo y complemento indirecto** *(pág. 201)* Escribe si las palabras subrayadas son pronombres de complemento directo o de complemento indirecto.

6. Sonia lavó las sábanas. <u>Las</u> lavó con un detergente especial.
7. <u>Le</u> trajo las sábanas limpias a mamá.
8. Sonia <u>les</u> planchó toda su ropa a los niños.
9. <u>Te</u> compré un regalo para tu cumpleaños.
10. En la mañana <u>le</u> canté "Las mañanitas".
11. Hicimos unos regalos. <u>Los</u> hicimos a mano.
12. <u>Los</u> trajimos en una canasta.
13. Los primos también <u>nos</u> mandaron unas cuantas cosas.

3 **Adjetivos como pronombres** *(pág. 206)* Escribe cada oración. Subraya el adjetivo que funciona como pronombre.

14. Mi recámara está más fría que la tuya.
15. La suya es la más grande.
16. Tengo dos gatos pero el amarillo es mi consentido.
17. El pájaro azul canta bonito, y el verde también.
18. Mi cuaderno es el verde; el tuyo es el azul.
19. Hay dos edificios. El más pequeño está a la derecha.
20. El más grande pertenece a mi abuelo.

4 **Pronombres demostrativos** *(pág. 209)* Escribe cada oración con la mejor de las dos formas entre paréntesis.

21. (Esta, Ésta) fue mi primera escuela.
22. (Éste, Este) día será inolvidable.
23. (Esto, Ésto) tiene mucho polvo.
24. (Aquél, Aquel) edificio me gustaba más.
25. (Esos, Ésos) son los empleados.
26. (Ése, Ese) hombre fue mi maestro de ciencias.
27. (Ésa, Esa) fue maestra mía también.

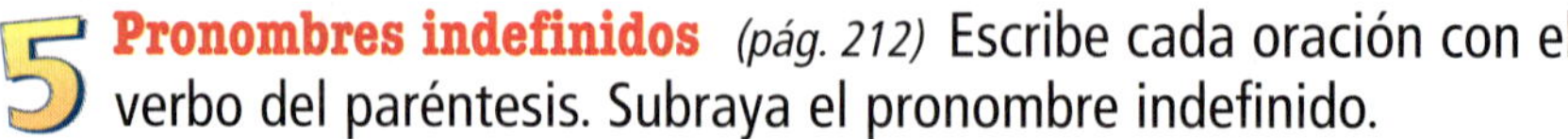

5 Pronombres indefinidos *(pág. 212)* Escribe cada oración con el verbo del paréntesis. Subraya el pronombre indefinido.

28. A alguien (les gusta, le gusta) pintar en esta casa.
29. Algunos (prefieren, prefiere) el óleo.
30. Otros (pintan, pinta) murales.
31. Nadie (trabaja, trabajan) en carboncillo aquí.
32. Todos (hace, hacen) bocetos a lápiz.
33. Uno (combinan, combina) los materiales.
34. Algunos (son, es) caros.
35. Muchos (cobra, cobran) por hacer retratos.
36. Algunos (saben, sabe) pintar desde niños.
37. Otros (aprendió, aprendieron) después.
38. Cuando la iluminación no es buena, ninguno (trabajan, trabaja).
39. Nadie (quiere, quieren) pintar bajo esas condiciones.
40. Pero muchos lo (hacen, hace) de cualquier modo.
41. Nada (son, es) imposible cuando uno se lo (proponen, propone).

Lista de control: Corregir

Comprueba:
- ✔ pronombres y sus antecedentes
- ✔ pronombres demostrativos
- ✔ pronombres indefinidos

Repaso mixto 42–49. Este anuncio de la exposición de un museo tiene ocho errores en el uso de los pronombres. Escríbelo correctamente.

Corrige

Joyería en el Renacimiento

Bienvenidos a la exhibición de joyas del Renacimiento. Estas pertenecieron a la nobleza europea de los siglos XV y XVI. Debe prestarse particular atención a la colección de la condesa de Poncetti. Él vivió en Italia en el siglo XVI y algún de sus joyas son muy valiosas. ¿Cuál de ella es la más valiosa? Posiblemente la diadema de perlas con incrustaciones de diamantes. Esa fue un regalo del barón Lopini. Ella pretendía a la condesa y la hizo mucho regalos valiosos.

Examen de práctica

Escribe los números 1–4 en una hoja de papel. Lee el pasaje y escoge la mejor palabra o el mejor grupo de palabras para cada espacio en blanco. Escribe la letra de la respuesta correcta.

Los estudiantes de la clase de sexto grado del señor Hernández se están preparando __(1)__ de fin de curso. Todos tienen algo que hacer. Carolina y Mónica __(2)__ al maestro que ellas llevarían los refrigerios. Dalia ofreció llevar globos. Ella __(3)__ gratis porque su papá tiene una fábrica de globos. Gabriel dijo: "Yo traeré las serpentinas y Emilio __(4)__ en el salón".

1 **A** de la fiesta
B para la fiesta
C a la fiesta
D en la fiesta

2 **F** lo dijeron
G las dijeron
H lo dirían
J le dijeron

3 **A** les consigue
B lo consigue
C le consigue
D los consigue

4 **F** las colgará
G los colgará
H les colgará
J lo colgará

continúa ▶

Examen de práctica *continuación*

Ahora escribe los números 5–8 en tu hoja. Lee el pasaje y escoge la mejor palabra o el mejor grupo de palabras para cada espacio en blanco. Escribe la letra de la respuesta correcta.

Ésta ha sido la mejor temporada de nuestro equipo de fútbol. Ayer, el entrenador Patricio __(5)__ si queríamos jugar en la media cancha. Julián se entrena con mucho espíritu deportivo. Todos __(6)__ su disciplina, perseverancia y concentración. Él es el jugador más serio del equipo y por eso __(7)__. Sin embargo, todos nos entrenamos arduamente y hemos mejorado mucho en sólo un año. El director de la escuela __(8)__.

5 **A** les preguntó a Julián y a mí
B le preguntó a Julián y a mí
C nos preguntó a Julián y a mí
D nos pregunto a Julián y a yo

6 **F** lo admiramos
G le admiramos
H la admiramos
J los admiramos

7 **A** le nombramos capitán
B los nombramos capitán
C la nombramos capitán
D lo nombramos capitán

8 **F** felicitó a todo el equipo
G felicitó todo el equipo
H felicitó el equipo
J les felicitó a todo el equipo

Ahora escribe los números 9–12 en tu hoja. Lee el pasaje y fíjate en cada oración subrayada. Decide si está correcta o, si no, qué tipo de error contiene. Escribe la letra de la respuesta correcta.

—¿Conoces a alguna estudiante de septimo grado? (9) —me preguntó Mariana.

—Sí, conozco a clara. (10) Es mi amiga —contesté.

—¿Cómo es ella? —preguntó Mariana—. No la recuerdo (11)

—¿No recuerdas a Clara? —contesté. "Es la muchacha pelirroja de cabello rizado". (12)

—¡Ah, sí! Ya me acordé —dijo Mariana—. Es la muchacha que conociste en el campamento, ¿cierto?

9 **A** Ortografía
B Uso de mayúsculas
C Puntuación
D Oración correcta

10 **F** Ortografía
G Uso de mayúsculas
H Puntuación
J Oración correcta

11 **A** Ortografía
B Uso de mayúsculas
C Puntuación
D Oración correcta

12 **F** Ortografía
G Uso de mayúsculas
H Puntuación
J Oración correcta

(págs. 198–200)

 Pronombres y antecedentes

- Un **pronombre** reemplaza a uno o más sustantivos.
- El **antecedente** de un pronombre es el sustantivo o los sustantivos a los cuales reemplaza el pronombre.
- Un pronombre debe concordar en género y número con su antecedente.

Escribe cada pronombre seguido de su antecedente.

Ejemplo: Mi hermano juega fútbol. Él es portero.
Él *Mi hermano*

1. Marcela sabe mucho de deportes. Ella me enseñó.
2. Julio fue al partido. Él va de vez en cuando.
3. Max y Leti salieron juntos. Ellos siempre van juntos.

(págs. 201–203)

2 Formas de complemento directo y complemento indirecto

- Los pronombres de **complemento directo *(me, te, la, lo, nos, os, los, las)*** se usan para reemplazar sustantivos que reciben la acción directa del verbo.
- Los pronombres de **complemento indirecto *(me, te, le, nos, os, les)*** se usan para reemplazar sustantivos que reciben la acción indirecta del verbo.

Reemplaza las palabras subrayadas por el pronombre apropiado y di si es el complemento directo o el complemento indirecto.

Ejemplo: Visité la Estatua de la Libertad hace poco.
complemento directo *La visité hace poco.*

1. Pudimos tomar fotografías a la estatua.
2. Mi primo trajo estatuitas para sus hermanos.
3. El compró las estatuitas con su propio dinero.

(págs. 206–208)

Adjetivos como pronombres

- Los adjetivos calificativos pueden funcionar como pronombres en la oración.
- Los adjetivos posesivos también pueden funcionar como pronombres y a veces reciben el nombre de **pronombres posesivos.** Los pronombres posesivos son ***mío, tuyo, suyo, nuestro*** y ***vuestro,*** con sus femeninos y plurales.

Escribe cada oración y subraya el adjetivo que funciona como pronombre.

Ejemplo: El regalo rojo es de Martín y el rosado es de Lola.
El regalo rojo es de Martín y el rosado es de Lola.

1. La responsabilidad de lo que pase en la fiesta es nuestra.
2. La suya será la próxima semana.
3. No tiene disfraz, pero le presto el mío.
4. Los dos anillos son bonitos, pero el plateado me gusta más.
5. Alcánzame la cinta roja, no la verde.

(págs. 209–211)

Pronombres demostrativos

- Cuando los adjetivos demostrativos funcionan como pronombres, se llaman **pronombres demostrativos.** Son ***éste, ése*** y ***aquél,*** con sus femeninos y plurales. En Estados Unidos, se acostumbra acentuarlos siempre.
- Los demostrativos neutros ***esto, eso*** y ***aquello*** nunca se acentúan.

Escribe cada oración con la mejor de las dos formas entre paréntesis.

Ejemplo: Laura también tiene un prendedor, pero (éste, este) es de Sonia.
Laura también tiene un prendedor, pero éste es de Sonia.

1. (Este, Éste) es mi uniforme.
2. (Esto, Ésto) lo aprendí muy rápido.
3. (Aquéllas, Aquellas) son mis compañeras.
4. (Esos, Ésos) niños nunca paran de correr.
5. (Ése, Ese) dibujo lo hizo Pedro y (aquél, aquel) lo hizo Susana.

(págs. 212–214)

5 Pronombres indefinidos

- Los **pronombres indefinidos** no tienen antecedentes definidos.
- Los pronombres indefinidos pueden ser invariables, o tener distintas formas para el singular y plural, masculino y femenino.
- El verbo debe concordar con el pronombre indefinido cuando éste es el sujeto de la oración.

Escribe cada pronombre indefinido seguido del verbo entre paréntesis que corresponda.

Ejemplo: Todos (disfrutan, disfruta) de la Granja Bellavista.
Todos disfrutan

1. Unos (viene, vienen) de lugares muy lejanos.
2. Otros (son, es) de Nueva York.
3. Nadie se (aburre, aburren) aquí.
4. Cualquiera (pueden, puede) pasar unas vacaciones agradables.
5. Muchos (regresa, regresan) año tras año.

Unidad 7

Frases preposicionales

Este famoso puente de San Francisco se eleva majestuoso sobre la bahía.

1 Preposiciones

Para comenzar

Lee la siguiente oración. ¿Qué grupo de palabras indica a quién se le pidió que hiciera el avío y la comida? ¿Para qué eran el avío y la comida?

> Le pidió a la mamá que le hiciera el avío y la comida para el viaje.
>
> —tomado de *Once cuentos maravillosos*, de Carmen Diana Dearden

- Una **preposición** muestra la relación entre un sustantivo o un pronombre y otra palabra en la oración. En el siguiente ejemplo, la preposición *hacia* relaciona al sustantivo *arco* con el verbo *pateó*.

  Andrés pateó la pelota hacia el arco.

Preposiciones comunes					
a ante bajo	con contra de	desde durante en	entre hacia hasta	para por según	sin sobre tras

- El sustantivo o pronombre que la preposición relaciona con el resto de la oración se llama el **término de la preposición**. La preposición, su término y cualquier modificador del término forman una **frase preposicional**.

  preposición — término

  Fui con mi mejor amigo.

- Las frases preposicionales pueden tener más de un término. Los términos van enlazados por conjunciones.

  prep. térm. térm.

  Eva se sentó entre Carlos y Enrique.

  prep. term. term.

  Eso no es ningún problema para él y mi hermana.

Inténtalo

En voz alta Busca las preposiciones y frases preposicionales en estas oraciones. ¿Con qué otra palabra de la oración se relaciona la frase?

1. Nuestro viaje comenzó en Iowa.
2. Patinamos por el lago.
3. Otros observaban desde la orilla.
4. La luna brillaba en el cielo.
5. A la medianoche todos se fueron.
6. La noche en el lago era tranquila.

- Una **preposición** muestra la relación entre un sustantivo o un pronombre y otra palabra de la oración.
- Una **frase preposicional** contiene la preposición, el **término de la preposición** y los modificadores del término.
- Una frase preposicional puede tener más de un término.

Por tu cuenta

Escribe las frases preposicionales y subraya los términos de las preposiciones.

Ejemplo: Nora y yo viajamos en autobús hasta el museo.
en <u>autobús</u> *hasta el <u>museo</u>*

7. Esperamos a Carlos y su hermano.
8. Nora y yo recorrimos el museo con ellos.
9. Estudiamos el modelo de un dinosaurio en una sala.

continúa ▶

Por tu cuenta continuación

10. Había sido descubierto por un científico y un historiador.
11. Después entramos en una sala con una exhibición poco común.
12. Observamos las estrellas proyectadas sobre nuestras cabezas.
13. También vimos una película sobre truenos y relámpagos.
14. Vimos un resplandor cruzar el techo de la sala oscura.

15–24. Escribe las diez frases preposicionales de este diario científico. Subraya el término o los términos de cada preposición.

Ejemplo: Usamos gafas protectoras durante todo el eclipse.
durante todo el eclipse

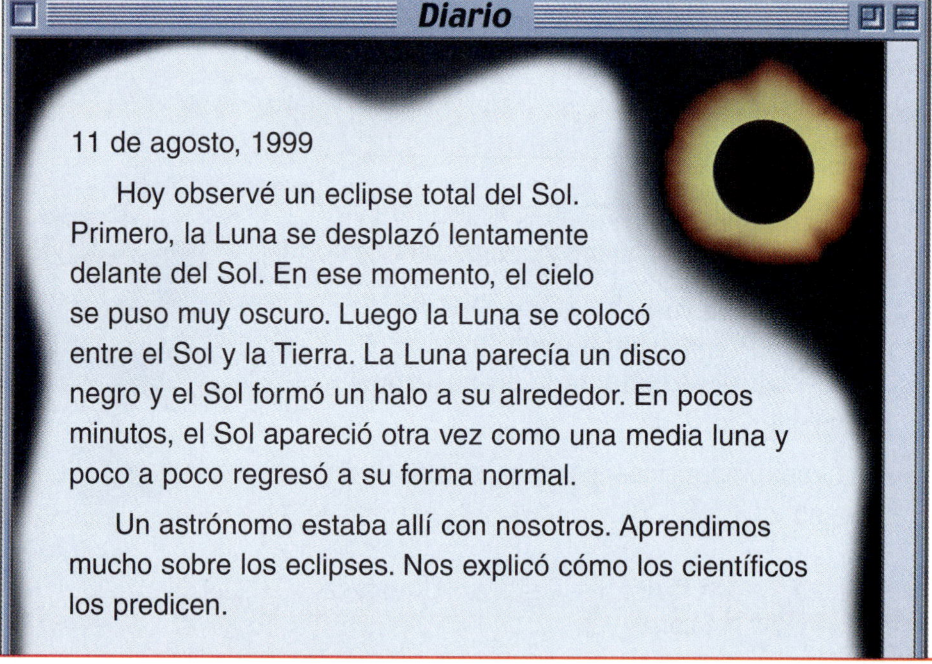
Diario

11 de agosto, 1999

Hoy observé un eclipse total del Sol. Primero, la Luna se desplazó lentamente delante del Sol. En ese momento, el cielo se puso muy oscuro. Luego la Luna se colocó entre el Sol y la Tierra. La Luna parecía un disco negro y el Sol formó un halo a su alrededor. En pocos minutos, el Sol apareció otra vez como una media luna y poco a poco regresó a su forma normal.

Un astrónomo estaba allí con nosotros. Aprendimos mucho sobre los eclipses. Nos explicó cómo los científicos los predicen.

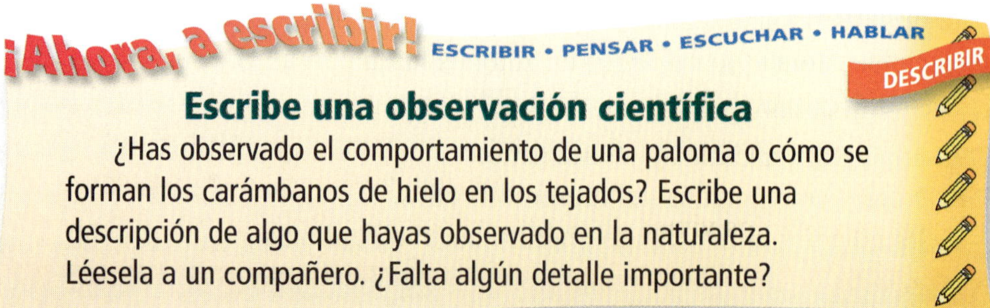

Escribe una observación científica

¿Has observado el comportamiento de una paloma o cómo se forman los carámbanos de hielo en los tejados? Escribe una descripción de algo que hayas observado en la naturaleza. Léesela a un compañero. ¿Falta algún detalle importante?

Práctica adicional: página 246

2 Preposiciones con pronombres

Lee la siguiente oración. ¿Qué forma del pronombre ***yo*** se usa con la preposición ***a***?

Manuel y Fernando Carrillo, por favor traigan al Capitán General Martínez y vengan aquí junto a mí.

—tomado de *Pioneros del Río Grande*, de Bea Bragg

- Las formas de los pronombres que se usan como términos de preposición son *mí, ti, usted, él, ella, nosotros, nosotras, ustedes, vosotros, vosotras, ellos, ellas.* Fíjate que todas las formas son iguales que la forma de sujeto, excepto las que corresponden a *yo* y a *tú*.

  Vino con nosotros. Se fue sin ella.

  No es para mí. A ti eso no te gusta.

- En el caso de la preposición *con*, hay formas especiales para *yo* y *tú*.

  ¿Quieres jugar conmigo?

  Llévame contigo al cine.

AYUDA

¡Fíjate!

Con unas pocas preposiciones (por ejemplo, ***según*** y ***entre***), se usan las formas de sujeto ***tú*** y ***yo*** en lugar de ***ti*** y ***mí***.

Según tú, todo iba bien.
Esto queda entre tú y yo.

Inténtalo

En voz alta Lee estas oraciones. Reemplaza las palabras subrayadas con el pronombre correcto.

1. Traerán una computadora para Luisa y para mí.
2. Según mis padres, las computadoras son muy importantes.
3. A mi mamá le dieron un curso especial.
4. Demostró ante sus profesores lo que sabe de computación.
5. Ya no podemos vivir sin las computadoras.

- Las formas de los pronombres que se usan como términos de preposición son *mí, ti, usted, él, ella, nosotros, nosotras, ustedes, vosotros, vosotras, ellos, ellas.*
- En el caso de la preposición *con*, se usan las formas especiales *conmigo* y *contigo.*
- Con las preposiciones *entre* y *según* se usan las formas *yo* y *tú* en vez de *mí* y *ti.*

Por tu cuenta

Escribe cada oración con la forma correcta del pronombre entre paréntesis.

Ejemplo: Viajar en autobús es divertido para ____. (yo)
Viajar en autobús es divertido para mí.

6. Para ____ fue muy divertido ir al zoológico. (nosotros)
7. Entre mis padres y ____, pagamos la entrada. (yo)
8. Paseamos con ____ toda la tarde. (ellas)
9. No hubiéramos podido hacerlo sin ____. (tú)
10. Según ____, el zoológico costaba sólo $5.00. (tú)

11–17. Esta postal tiene siete formas incorrectas de pronombres usados como términos de preposición. Encuéntralas y escribe la tarjeta correctamente.

Ejemplo: Mi mamá subió con mí. *Mi mamá subió conmigo.*

7 de junio
Querida Luisa:

Esta postal es para tú, para tu colección. A me sí que me han gustado estas vacaciones. Ayer fuimos a ver la Estatua de la Libertad. Me encantaría hablar con ti de ella cuando regrese. Desde la estatua se puede ver toda la ciudad de Nueva York. Según ti, a tus padres no les gusta ir a ninguna parte. Convéncelos para que vengan a Nueva York; estoy segura de que les gustará. Entre ti y mí siempre ha habido una gran amistad, y me gustaría que algún día compartas esta experiencia con me.

Hasta lueguito,
Olga

Práctica adicional: página 246

Gramática

3 Frases adjetivas

¿Qué grupo de palabras describe a *compañero*, como si fuera un adjetivo?

No le costó mucho regateo; Sebastián era un compañero de escuela de María Lilí.

—tomado de *El sancocho del sábado*, de Leyla Torres

- Los adjetivos describen a los sustantivos y a los pronombres. Las frases preposicionales también pueden describir a sustantivos y pronombres. En ese caso se llaman **frases adjetivas**. Pueden contestar preguntas como *¿de qué tipo?* o *¿cuál?*

  Los abrigos de lana son muy calientitos.

  La puerta del edificio está cerrada.

- Las frases adjetivas siguen a los sustantivos o pronombres a los cuales modifican.

Adjetivo individual	**Frase preposicional**
tela moteada	tela con motas
turistas canadienses	turistas del Canadá

Inténtalo

En voz alta Las frases adjetivas están subrayadas. ¿A qué sustantivo modifica cada una?

1. Construí un tren con muchos vagones.
2. Un panel de control distribuye la electricidad.
3. Las locomotoras con motores eléctricos parecen reales.
4. Las señales del ferrocarril son automáticas.

continúa ►

Inténtalo continuación

Identifica la frase preposicional de cada oración. ¿A qué sustantivo modifica cada una?

5. Nuestros parientes de China organizaron una fiesta.
6. Muchos invitados de otros países también asistieron.
7. Trajimos fotos viejas de familiares y amigos.
8. Algunos invitados con trajes típicos cantaron canciones folklóricas.

- Una frase preposicional puede tener función de adjetivo.
- Las **frases adjetivas** modifican a un sustantivo o un pronombre y contestan la pregunta *¿de qué tipo?* o *¿cuál?*

Por tu cuenta

Escribe cada frase adjetiva seguida del sustantivo al cual modifica.

Ejemplo: Varios miembros de mi conjunto musical tocaron muy bien.
de mi conjunto musical—miembros

9. Tocamos música clásica de distintos compositores.
10. La muchacha de la flauta plateada es muy talentosa.
11. Sus clases en la academia de música son muy útiles.
12. Quiere ser miembro de una orquesta.
13. Nuestra reciente salida a un concierto fue muy emocionante.
14. Un pianista de Canadá tocó un solo.
15. El director de la orquesta era un famoso músico japónes.
16. La música del escenario llenó todo el teatro.
17. Los músicos tocaron hermosas melodías de Handel.
18. He estudiado las obras de este compositor.
19. Todos los asistentes a la obra aplaudieron.

continúa ▶

Por tu cuenta continuación

20–30. Esta crítica de un concierto tiene once frases adjetivas. Escribe cada una, seguida del sustantivo al cual modifica.

Ejemplo: La canción sobre los gatos era divertida.
sobre los gatos—canción

El Centinela

Domingo, 3 de junio *Volumen 16, Núm. 22*

La música zydeco anima el concierto

El primer concierto del verano fue muy variado. El primer conjunto cantó canciones para niños. Las voces de los cantantes no eran fuertes, y la mujer con la peor voz cantó más fuerte que todos. La letra de las canciones era demasiado infantil. Sólo los niños de menos de cinco años las disfrutaron.

La música tras el receso fue mucho mejor. Un hombre con un acordeón tocó una música de Luisiana llamada zydeco. El ritmo de la música era muy animado y pegajoso. Muchos asistentes al concierto bailaron.

¡Ahora, a escribir!

ESCRIBIR • PENSAR • ESCUCHAR • HABLAR

COMPARAR

Escribe una crítica

Escribe una crítica comparando dos conciertos, canciones o actuaciones que hayas escuchado. ¿En qué se parecen? ¿En qué se diferencian? ¿Cuál te gustó más? ¿Por qué? Usa frases adjetivas. Túrnate con un compañero para leer lo que han escrito.

Práctica adicional: página 247

4 Frases adverbiales

Para comenzar

Jueguen a "Acertijo con preposiciones". Anoten preposiciones, de la tabla de la página 226, en pedazos de papel. (No usen *a, durante, de* o *hasta.*) Cada uno selecciona una preposición y luego la describe con gestos, mientras los otros adivinan.

Ya sabes que una frase preposicional puede tener función de adjetivo. Una frase preposicional también puede tener función de adverbio. Al igual que los adverbios, las **frases adverbiales** modifican a verbos, adjetivos y otros adverbios. Expresan *cómo, dónde* o *cuándo.*

¡Fíjate!

Las frases adverbiales pueden estar al comienzo, en el medio o al final de la oración.

Susana corrió hacia el lago. (*modifica a un verbo*)

Luis estaba preocupado por el examen. (*modifica a un adjetivo*)

Elsa nada temprano por la mañana. (*modifica a un adverbio*)

Inténtalo

En voz alta Busca las frases adverbiales. ¿A qué palabras modifican?

1. El sábado mi hermana trabajó hasta el mediodía.
2. Trabajó en una estación de televisión.
3. Unos animales amaestrados actuaron para el programa.
4. Un perro impaciente saltó sobre las cajas.
5. Todos quedamos encantados con sus trucos.
6. Nunca en mi vida he visto cosa igual.

continúa ▶

Inténtalo continuación

7. Los perros estaban listos para el programa.
8. Los niños en el estudio permanecieron sentados durante una hora.
9. Desde que llegamos, disfrutamos la grabación.
10. Más tarde esperamos tras las cámaras.

- Una frase preposicional puede funcionar como adverbio.
- Las **frases adverbiales** modifican a verbos, adjetivos u otros adverbios, expresando *cómo, dónde* o *cuándo.*

Por tu cuenta

Escribe cada frase adverbial seguida de la palabra a la cual modifica.

Ejemplo: Winston Churchill sirvió a Gran Bretaña durante la guerra.
durante la guerra—sirvió

11. Winston nació en el palacio de Blenheim.
12. El joven Winston sacaba malas notas en la escuela.
13. Él hablaba con un leve tartamudeo.
14. Se graduó en una academia militar.
15. Churchill sirvió con dedicación en el ejército.
16. Churchill renunció al ejército para dedicarse al periodismo.
17. Fue capturado en la Guerra de los Bóers.
18. Pasó silenciosamente detrás de los guardias y escapó.
19. Tras la guerra, se dedicó a la política.
20. Fue nombrado primer ministro de Inglaterra en mayo de 1940.
21. Churchill y el presidente Roosevelt dirigieron sus países durante tiempos difíciles.
22. Ambos estaban listos para cualquier sacrificio.
23. Churchill se dedicó a la pintura en los últimos años de su vida.

continúa ▶

Por tu cuenta continuación

24–31. Esta biografía tiene ocho frases adverbiales. Escribe cada una. Luego escribe y subraya la palabra a la cual modifica.

Ejemplo: Shirley Chisholm luchó contra la injusticia.
contra la injusticia *luchó*

Biografía

Inicio | Previa | Siguiente | Pare | Imágenes | Regresar | Help | Correo

Chisholm en el Congreso

En noviembre de 1968, los votantes de Nueva York cambiaron el curso de la historia. Eligieron a Shirley Chisholm como representante. Fue la primera vez en la historia de Estados Unidos que una mujer afroamericana fue elegida al Congreso.

Shirley Chisholm nació en Brooklyn, Nueva York. Era callada y tímida de niña. Pero más tarde impresionó a sus maestros con su habilidad para el debate. Después de terminar la universidad, Chisholm enseñó en una escuela de párvulos. Entre 1953 y 1959, dirigió una guardería. Entretanto, la injusticia social le causaba cada vez mayor indignación. Luchó sin descanso por un mundo mejor.

Las mujeres en el Congreso

Más sobre política

Asuntos claros

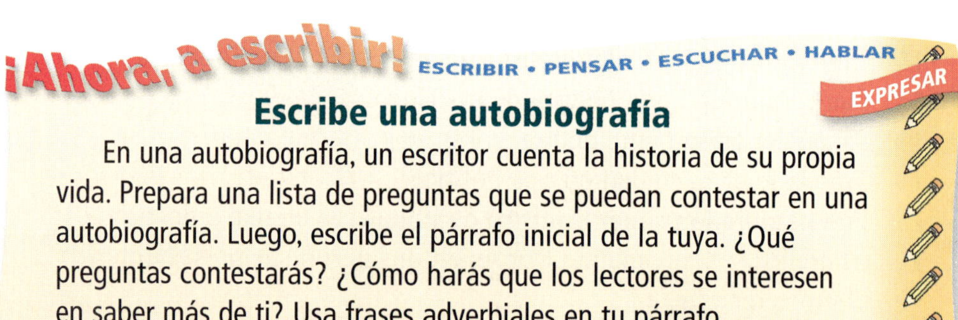

¡Ahora, a escribir! ESCRIBIR • PENSAR • ESCUCHAR • HABLAR

EXPRESAR

Escribe una autobiografía

En una autobiografía, un escritor cuenta la historia de su propia vida. Prepara una lista de preguntas que se puedan contestar en una autobiografía. Luego, escribe el párrafo inicial de la tuya. ¿Qué preguntas contestarás? ¿Cómo harás que los lectores se interesen en saber más de ti? Usa frases adverbiales en tu párrafo.

Práctica adicional: página 247

Escribir con frases preposicionales

Ampliar oraciones Puedes agregar información a tus oraciones ampliándolas con frases preposicionales.

Winston Churchill dirigió a Gran Bretaña. } Durante la Segunda Guerra Mundial, Winston Churchill dirigió a Gran Bretaña con decisión y energía.

Comprueba que las frases preposicionales estén bien ubicadas en la oración para no crear confusiones.

Oración confusa
Churchill ayudó a extinguir un incendio con mucho coraje.

Oración corregida
Con mucho coraje, Churchill ayudó a extinguir un incendio.

Aplícalo

1–5. Vuelve a escribir esta biografía. Amplía las oraciones subrayadas por medio de frases preposicionales. Básate en los apuntes del alumno.

Revisa

Educación de Winston Churchill

- No fue buen alumno de niño.
- En su adolescencia se interesó en los caballos y en el ejército.
- A los trece años fue a otra escuela.
- En 1893 ingresó en la academia militar; tuvo éxito.
- Se recibió octavo de 150 alumnos en su clase.

Winston Churchill no fue un buen alumno. Se ponía nervioso al hablar y era testarudo. Fue un niño infeliz.

Churchill descubrió nuevos intereses. Fue a otra escuela y llegó a ser un excelente jinete. Winston les dijo a sus padres que deseaba entrar en la caballería. Ingresó en la academia militar. Fue un alumno excelente. Se recibió octavo en su clase.

Combinar oraciones Trata de combinar las ideas de diferentes oraciones con frases preposicionales. Tu escrito tendrá más fluidez.

Después de la Primera Guerra Mundial, Winston Churchill dedicó mucho tiempo a escribir y a pintar. Después comenzó la Segunda Guerra Mundial.	Entre la Primera y la Segunda Guerra Mundial, Winston Churchill dedicó mucho tiempo a escribir y a pintar.

Al combinar oraciones, a veces hay que usar diferentes palabras. Comprueba que la nueva oración tenga sentido.

Aplícalo

6–10. Combina con frases preposicionales cada par de oraciones subrayadas.

Revisa

La carrera de Winston Churchill

1895 Winston Churchill viaja a Cuba. Trabaja como periodista.

1900 Churchill gana las elecciones. Va al Parlamento.

1908 Churchill tiene treinta y tres años. Conoce a Clementina Hozier. Se casan unos meses después.

1911 Churchill se hace cargo de la marina. Son tres años antes de la Primera Guerra Mundial.

1914–1918 Primera Guerra Mundial.

1939 Gran Bretaña declara la guerra. El enemigo es Alemania. Churchill nuevamente se hace cargo de la marina.

Prueba: Unidad 7

1 Preposiciones *(pág. 226)* Escribe cada frase preposicional y subraya el término de la preposición.

1. Los jóvenes de todo el país ganan dinero en empleos poco comunes.
2. Hay trabajo de todo tipo para ti y para mí.
3. En Maine, León atrapa langostas con trampas de madera.

2 Preposiciones con pronombres *(pág. 229)* Escribe cada oración usando la forma correcta del pronombre indicado entre paréntesis.

4. Para ____ es divertido hacer dibujos. (yo)
5. No podemos hacer nada sin ____. (tú)
6. Sentaremos a la niña entre ____ y ella. (tú)

3 Frases adjetivas *(pág. 231)* Escribe cada frase adjetiva y el sustantivo al cual modifica.

7. Es fácil hacer máscaras de papel mojado.
8. Busca una bolsa de tamaño adecuado.
9. Puedes cambiar la forma de tu máscara.

4 Frases adverbiales *(pág. 234)* Escribe las frases adverbiales seguidas de las palabras a las cuales modifican.

10. La naturaleza crea puentes de diversas maneras.
11. Un tronco puede caer sobre un arroyo.
12. En tiempos antiguos, se hacían puentes de soga.

Repaso mixto 13–19. Este artículo tiene siete errores en el uso de las preposiciones o las formas de los pronombres. Escríbelo correctamente.

Lista de control: Corregir

Comprueba el uso correcto de las preposiciones y sus términos.

Corrige

El alimento que me consuela

Cuando pienso a un alimento que me "consuela", me acuerdo con algo que comía cuando era niño, y que me hacía sentir calientito, protegido y consentido: el puré a papas. Para yo, no había nada en el mundo como ese puré. Era más que una comida. Yo jugaba con el puré y el puré jugaba con mí. Me encantaba esparcir el puré y comérmelo por los dedos. Según mis padres, hice esto para muchos años.

Examen de práctica

Escribe los números 1–2 en una hoja de papel. Lee el pasaje y busca las partes subrayadas y numeradas. Estas partes pueden ser:

- **oraciones incompletas**
- **uniones incorrectas**
- **oraciones correctas que se deben combinar**
- **oraciones correctas que no requieren ningún cambio**

Escoge la mejor manera de escribir cada parte subrayada y escribe la letra de la respuesta. Si no hace falta ninguna corrección, escribe la letra de "Oraciones correctas".

<u>Cada primavera voy con mi familia a Greensberg. El vivero de tulipanes de los Córdoba se encuentra en Greensberg.</u> **(1)** Ahí cultivan miles de tulipanes de todos colores en un enorme terreno. La vista de los campos cubiertos de tulipanes en floración es increíble. <u>Los Córdoba son viejos amigos de la familia estamos ansiosos de visitar su vivero.</u> **(2)**

1 **A** Cada primavera voy con mi familia al vivero de tulipanes de los Córdoba, en Greensberg.

B Cada primavera voy con mi familia. Al vivero de tulipanes de los Córdoba, que se encuentra en Greensberg.

C Cada primavera voy con mi familia al vivero de tulipanes de los Córdoba. En Greensberg.

D Oraciones correctas

2 **F** Los Córdoba son viejos amigos de la familia. Estamos ansiosos de visitar el vivero de estos viejos amigos de la familia.

G Los Córdoba son viejos amigos de la familia, estamos ansiosos de visitar su vivero.

H Los Córdoba son viejos amigos de la familia, y estamos ansiosos de visitar su vivero.

J Oraciones correctas

Ahora escribe los números 3–6 en tu hoja. Lee el pasaje y escoge la mejor palabra o el mejor grupo de palabras para cada espacio en blanco. Escribe la letra de la respuesta correcta.

Todos los sábados, Benjamín va a esquiar __(3)__. Todos pertenecemos a un equipo de esquí a campo traviesa. Benjamín __(4)__ con nosotros el año pasado, pero no pudo porque estaba en el equipo de baloncesto. Extrañé mucho su compañerismo, su espíritu deportivo y su habilidad como esquiador. Sin duda, su talento __(5)__ para el equipo. Además, él es mi mejor amigo y será muy divertido __(6)__ poder esquiar juntos una vez a la semana. Ojalá que este año podamos llegar a la competencia final de campo traviesa.

3 **A** con mis amigos y conmigo
B entre mis amigos y yo
C con mis amigos y mí
D entre mis amigos y conmigo

4 **F** debe haber estado
G hubo deber estado
H había estado debiendo
J debió haber estado

5 **A** ha sido de beneficio
B habrá de beneficio
C hubo sido de beneficio
D vendrá sido de beneficio

6 **F** para conmigo y para con él
G para mí y para él
H para yo y él
J a mí y a él

Repaso acumulativo

Unidad 1: La oración

Oraciones, sujetos y predicados *(págs. 10, 13, 16, 19)* Escribe cada oración agregando la puntuación correcta. Escribe si la oración es *enunciativa, interrogativa, imperativa* o *exclamativa.* Escribe el núcleo del sujeto y el núcleo del predicado de cada oración.

1. Muéstrame esa fotografía de la Luna
2. A qué distancia está
3. Qué hay en la superficie de la Luna
4. La luna tiene rocas y polvo
5. Qué bella es la luna llena

Sujetos y predicados compuestos *(págs. 22, 25)* Escribe los sujetos o predicados compuestos. Escribe *sujeto compuesto* o *predicado compuesto.*

6. Yo planté y regué las semillas.
7. Los chícharos y los frijoles crecieron rápidamente.
8. Carlos o Mónica quitó la maleza del jardín.
9. Cultivaron hierbas y cortaron algunas.
10. ¡Las hierbas frescas y las especias son muy buenas!

Unidad 2: Sustantivos

Singular y plural *(pág. 64)* Escribe el plural de cada uno de los siguientes sustantivos.

11. lápiz
12. chimpancé
13. sofá
14. pie
15. manatí
16. lunes
17. álbum
18. matiz
19. maniquí
20. limón

Unidad 3: Verbos

Conjugaciones *(págs. 91, 93, 99, 102)* Completa las siguientes oraciones con el tiempo del verbo (en modo indicativo) que se indica entre paréntesis.

21. Mis tíos _____ al desierto del Sahara. (ir—pretérito indefinido)
22. Nos _____ que volverían pronto. (decir—pluscuamperfecto)
23. Antes no les _____ hacer viajes largos. (gustar—pretérito imperfecto)
24. Los camellos _____ muy poca agua para sobrevivir. (necesitar—presente)

Unidad 4: Calificativos

Adjetivos y adverbios *(págs. 120–135)* Copia cada oración. Subraya los adjetivos una vez. Subraya los adverbios dos veces. Dibuja una flecha para conectar cada uno con la palabra que califica.

25. Juan toca una trompeta brillante en una gran orquesta.
26. Aprendió rápidamente difíciles piezas musicales.
27. Algunas melodías complicadas son difíciles para algunos jóvenes músicos.
28. Juan practicó mucho y pronto logró dominar las piezas más complicadas.

Adjetivos posesivos *(pág. 130)* Copia cada oración. Subraya los adjetivos posesivos.

29. Nuestra clase irá de excursión a la montaña.
30. Acuérdate de llevar tu tienda de campaña.
31. Mi papá ha ido a acampar muchas veces.
32. El deporte preferido suyo es el alpinismo.

¿Adjetivo o adverbio? *(pág. 138)* Escribe cada oración con el adjetivo o adverbio correcto.

33. Laura juega (bien, buena) al fútbol.
34. Es una (buena, bien) jugadora.
35. Aprende nuevas jugadas (fácilmente, fácil).
36. Domina el balón (hábilmente, hábil).

Unidad 5: Ortografía y puntuación

Puntuación de oraciones *(pág. 152)* Escribe cada oración agregando la puntuación correcta.

37. Toma el elevador hasta el último piso
38. Dónde está el lago Michigan
39. Qué pequeños se ven los autos desde aquí
40. Podemos ver toda la ciudad

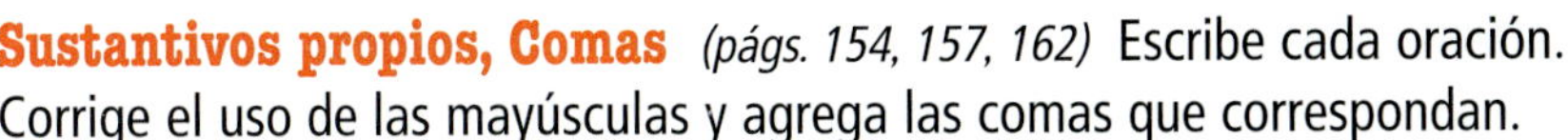

Sustantivos propios, Comas *(págs. 154, 157, 162)* Escribe cada oración. Corrige el uso de las mayúsculas y agrega las comas que correspondan.

41. Mi abuelo mi abuela y mi papá nacieron en méxico.
42. camila ¿todavía tienes parientes en méxico?
43. Sí mi tía elvira la hermana de mi mamá vive en veracruz.
44. ¿te gustan los tacos las enchiladas y los sopes camila?

Comillas en citas, Interjecciones *(págs. 167, 172)* Escribe cada oración, usando la puntuación correcta.

45. Hurra, ganamos el partido, gritó mi hermano.
46. Cantar y reír para bien vivir, siempre dice mi abuela.
47. Caramba, Luis, me dijo mamá, no juegues con la pelota dentro de la casa.
48. Había un letrero en la puerta que decía Prohibido el paso.

Raya o guión largo *(pág. 169)* Escribe correctamente el siguiente diálogo añadiendo las rayas necesarias.

49. ¿Cuál es tu celebración favorita? preguntó Lisa.
50. El Día de la Independencia contestó Andrés.
51. ¡Ése también es mi día preferido! dijo Lalo.
52. Si quieren dijo Lisa, podemos festejarlo juntos este año.

Títulos *(pág. 174)* Escribe los títulos correctamente.

53. Leí un artículo escrito por un reportero del periódico nuevo mundo.
54. El artículo la juventud de hoy fue publicado el domingo pasado.
55. Leí el libro cuentos de la selva, de Horacio Quiroga.
56. Cambios es un poema que aparece en un libro para lectores jóvenes.
57. La revista padres e hijos tiene una sección donde se presentan reseñas de libros.

Reglas de acentuación *(pág. 179, 181)* Si la palabra está escrita correctamente, escribe *correcta*. Si le falta un acento, escríbela correctamente.

58. leon
59. lapiz
60. compás
61. mártir
62. telefono
63. dificil
64. animal
65. mágico
66. tarea
67. electrico
68. camello
69. jorobas
70. bebía
71. esplendido
72. altisimo

Unidad 6: Pronombres

Pronombres y antecedentes *(pág. 198)* Escribe los pronombres y sus antecedentes.

73. Raquel y Julia nadan en la piscina. Amalia nada con ellas.
74. Jorge no vendrá a la fiesta. Él me llamó para avisarme.
75. Mis vecinos viajarán a Argentina. Ellos tienen familiares ahí.
76. Oscar y tú llegaron tarde. ¡Ustedes siempre se retrasan!

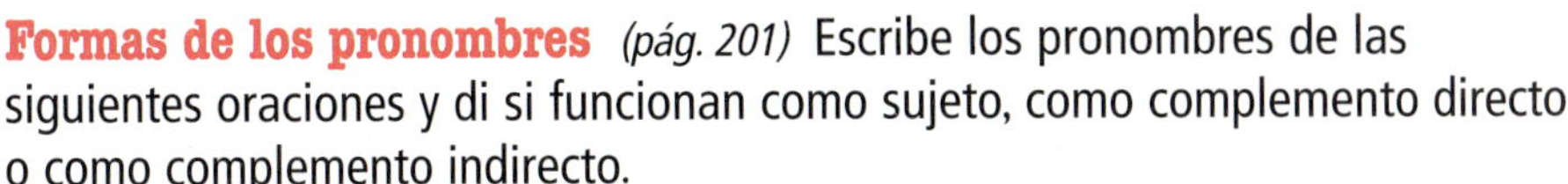

Formas de los pronombres *(pág. 201)* Escribe los pronombres de las siguientes oraciones y di si funcionan como sujeto, como complemento directo o como complemento indirecto.

77. Julia me llamó anoche.
78. Ella tiene un regalo para mí.
79. A mí me gustaría que me lo diera hoy.
80. Ella dice que lo tiene que envolver primero.
81. La veré mañana.

Pronombres demostrativos *(pág. 209)* Completa las siguientes oraciones con el pronombre entre paréntesis que sea más apropiado.

82. (Este, Ese) cuaderno que está aquí no es mío. El mío es (éste, aquél) que está allá.
83. "(Aquéllos, Éstos) fueron buenos tiempos", dijo el abuelo.
84. (Éste, Este) bolígrafo no tiene tinta.
85. Usa (éste, este) entonces.
86. (Ése, Este) es un excelente libro. (Éste, Aquél) de aquí no me gusta tanto.

Unidad 7: Frases preposicionales

Preposiciones *(pág. 226)* Escribe las frases preposicionales y subraya los términos de las preposiciones.

87. Mira los peces en la pecera.
88. Las burbujas flotan hacia la superficie.
89. Esos peces pertenecen al acuario.
90. Mira el pez con la cola roja.

Frases adjetivas *(pág. 231)* Escribe cada frase adjetiva seguida del sustantivo al cual modifica.

91. Fue mi fiesta de cumpleaños.
92. Vinieron mis amigos de Canadá.
93. La niña del vestido azul es muy simpática.
94. Me regalaron un coche de juguete.

Frases adverbiales *(pág. 234)* Escribe cada frase adverbial seguida de la palabra a la cual modifica.

95. La fiesta empezará antes de las seis.
96. Mis tíos viajarán en avión.
97. Los esperaremos en el aeropuerto.
98. Cargamos las maletas hasta el tercer piso.

Práctica adicional

(págs. 226–228)

1 Preposiciones

- Una **preposición** muestra la relación entre un sustantivo o un pronombre y otra palabra de la oración.
- Una **frase preposicional** contiene la preposición, el término de la preposición y los modificadores del término.
- Una frase preposicional puede tener más de un término.

Escribe las frases preposicionales y subraya los términos de las preposiciones.

Ejemplo: El acuario está junto a la estación.
a la estación

1. Un gran grupo de viajeros pasó por el despacho.
2. Unos tiburones nadaban en su tanque.
3. Esteban y yo nos detuvimos y admiramos los peces del estanque.
4. Un pez espada nadaba en el agua bajo un pequeño puente.

(págs. 229–230)

2 Preposiciones con pronombres

Recuerda

- Las formas de los pronombres que se usan como términos de preposición son *mí, ti, usted, él, ella, nosotros, nosotras, ustedes, vosotros, vosotras, ellos, ellas.*
- En el caso de la preposición *con*, se usan las formas especiales *conmigo* y *contigo.*
- Con las preposiciones *entre* y *según* se usan las formas *yo* y *tú* en vez de *mí* y *ti.*

Escoge la forma correcta del pronombre indicado entre paréntesis.

Ejemplo: Trajo una pluma lindísisima para ____. (yo)
Trajo una pluma lindísisima para mí.

1. Mi tío es muy bueno con ____. (yo)
2. ¿Qué te trajo a ____? (tú)
3. Según ____, los lapiceros son mejores que las plumas. (tú)
4. Voy a estudiar con ____ esta noche. (tú)

(págs. 231–233)

3 Frases adjetivas

- Una **frase preposicional** puede tener función de adjetivo.
- Las frases adjetivas modifican a un sustantivo o un pronombre y contestan la pregunta *¿de qué tipo?* o *¿cuál?*

Escribe cada frase adjetiva seguida del sustantivo al cual modifica.

Ejemplo: Juan compuso una canción sobre sus vacaciones.
sobre sus vacaciones—canción

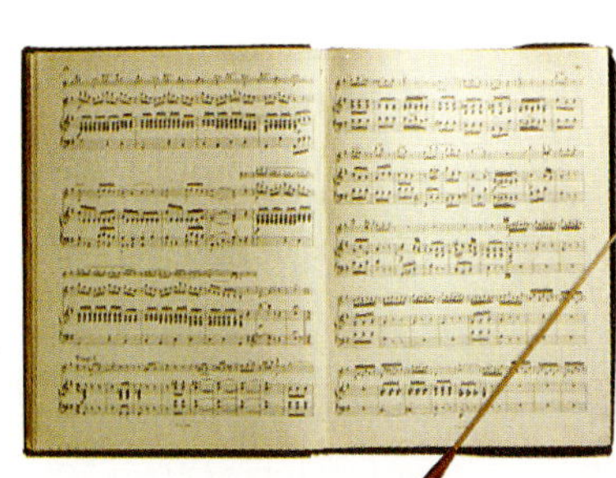

1. Su tío de Nueva York lo animó mucho.
2. Es maestro de composición musical.
3. Alumnos de muchos países vienen a estudiar aquí.
4. Esta pieza musical es la nueva canción de Juan.
5. El título de la canción es "Cielos azules".
6. Es una canción con mucho movimiento.

(págs. 234–236)

4 Frases adverbiales

- Una **frase preposicional** puede funcionar como adverbio.
- Las frases adverbiales modifican a verbos, adjetivos u otros adverbios, expresando *cómo, dónde* o *cuándo.*

Escribe cada frase adverbial seguida de la palabra a la cual modifica.

Ejemplo: Franklin Roosevelt fue nombrado presidente en 1932.
en 1932—fue nombrado

1. Vivió en la Casa Blanca hasta 1945.
2. Se casó con su prima Eleanor Roosevelt.
3. En 1920 fue candidato al cargo de vicepresidente.
4. Gobernó la nación desde una silla de ruedas.
5. Al principio, pocos sabían que no podía caminar.
6. Pronunciaba sus discursos con mucha calma.

Índice

Credits

Illustrations

Special Characters illustrated by: Joe, the Writing Pro by Rick Stromoski; Pencil Dog by Jennifer Beck Harris; Enrichment Animals by Scott Matthews.

John Bendall-Brunello: 13, 33, 83, 99, 102 (top), 104, 174
Randy Chewning: 160
Chris Demarest: 62, 167, 181, 206
Eldon Doty: 133 (top)
Kate Flanagan: 130 (top), 234 (bottom)
Marian Heibel: 10, 121
True Kelly: 25, 126, 183
Victor Kennedy: 64
Andy Levine: 103, 133 (center)
Patrick Merrell: 56, 78, 91, 162, 179
Larry Newton-King: 16
Tim Nihoff: 54
Trevor Pye: 152
Tim Robinson: 106
Lauren Scheuer: 176
Rémy Simard: 40, 86
Michael Sloan: 19, 35
Matt Wawiorka: 61, 184
Bill Whitney: 165
Amy L. Young: 168, 201

Photographs

9 © Tim Davis/The Stock Market. **12** © PhotoDisc, Inc. **13** © Mark Richards/PhotoEdit. **16** © Jonathan Blair/CORBIS. **18** © Culver Pictures. **19** © Jim Pickerell/Stock Connection/ Picture Quest. **22** © Will & Deni McIntyre/Tony Stone Images. **25** © Paul Conklin/PhotoEdit. **26** © Chris Cheadle/Tony Stone Images. **28** (t) © CORBIS. (b) © PhotoDisc, Inc. **29** © PhotoDisc, Inc. **31** © Alejandro Balaguer/Tony Stone Images. **32** © PhotoDisc, Inc. **33** © Mark E. Gibson/Visuals Unlimited. **36** © Jeremy Woodhouse/PhotoDisc, Inc. **38** © PhotoDisc, Inc. **39** © James Gritz/PhotoDisc, Inc. **44** © PhotoDisc, Inc. **50** © C Squared Studios/ PhotoDisc, Inc. **53** © Index Stock Photography, Inc. **54** © Jeff Greenberg/ MR/Visuals Unlimited. **58** © The Granger Collection, New York. **59** Courtesy of NASA **60** © Richard Cummins/CORBIS. **62** © Eastcott/ Momatiuk/Tony Stone Images. **63** © Detroit Institute of Art, 1987. **65** © Frank Siteman/ PhotoEdit. **68** © Ariel Skelley/ The Stock Market. **71** © PhotoDisc, Inc. **74** © PhotoDisc, Inc. **75** © Index Stock Photography, Inc. **76** © D. Cavagnaro/Visuals Unlimited. **77** © PhotoDisc, Inc. **78** © Ted Wood/ Tony Stone Images. **79** © PhotoDisc, Inc. **80** © SuperStock, Inc. **81** © Rubi Von Briel/PhotoEdit. **84** © PhotoMondo/ FPG International. **89** (t) © Pete Soutos/ The Stock Market. (b) © Jack M. Bostrack/ Visuals Unlimited. **92** (t) © David Taylor/ Allsport. (b) Reuters Newmedia, Inc./CORBIS. **94** © Jim Whitmer. **95** (l) © Spencer Grant/ PhotoEdit, Inc. (r) © David Young-Wolff/PhotoEdit, Inc. **96** © National Gallery of Art, Washington, D.C./ SuperStock, Inc. **97** © The Granger Collection, New York. **100** Bob Daemmrich/The Image Works. **102** (b) © Tom Prettyman/PhotoEdit, Inc. **107** © InterNetwork Media/PhotoDisc, Inc. **113** © Don Brown/Animals Animals. **114** © SuperStock, Inc. **115** © Charles Philip/Visuals Unlimited. **117** © Walter Hodges/Tony Stone Images. **118** © PhotoDisc, Inc. **119** © Peter Cade/Tony Stone Images. **123** Courtesy Schwinn Cycling and Fitness, Inc. **124** © Joe Atlas/Artville. **128** © Ned Therrien/ Visuals Unlimited. **129** (t) © Lee Foster/Words & Pictures/Picture Quest. (b) © Adalberto Ríos Szalay/ Sexto Sol/PhotoDisc, Inc. **130** © John

Photographs *continued*

Darling/Tony Stone Images. **132** © Digital Stock Corp. **135** © Peter Cade/ Tony Stone Images. **136** (tr) © Tony Freeman/PhotoEdit. (tl) © American Images/FPG International/Picture Quest (br) © Andrea Booher/Tony Stone Images. (bl) © Kindra Clineff/ All Stock/ Picture Quest. **137** © Gabe Palmer/ The Stock Market. **138** © Mary Steinbacher/PhotoEdit. **139** © A. Ramey/PhotoEdit. **140** © CORBIS. **145** © Walter Hodges/ Tony Stone Images. **146** © Chuck Mason/ International Stock Photo. **147** © Jean Kugler/ FPG International. **148** © Jerry Driend/ FPG International. **149** © J. Marshall/The Image Works. **151** © Ron Sherman/Tony Stone Images. **155** © The Granger Collection, New York. Frame provided by MetaTools. **156** © Bettmann/CORBIS. **157** © Barbara Filet/ Tony Stone Images. **159** © PhotoDisc, Inc. **163** © The Granger Collection, New York. **164** © MetaCreations. **166** © PhotoDisc, Inc. **170** © Rich Iwasaki/AllStock/Picture Quest. **171** © Scott Barrow/ International Stock Photo. **173** © PhotoDisc, Inc. **177** © Wolfgang Kaehler/CORBIS. **178** © Tom Brakefield/CORBIS. **182** © N. P. Alexander/Visuals Unlimited. **184** © Digital Stock Corp. **191** © PhotoDisc, Inc. **192** © PhotoDisc, Inc. **193** © Tom & DeeAnn McCarthy/ The Stock Market. **195** © Comstock, Inc. **196** © Renee Stockdale/Animals Animals. **197** © Paul Chesley/National Geographic Image Collection. **199** © Dennis O'Clair/Tony Stone Images. **200** © Tony Freeman/PhotoEdit. **202** © The Granger Collection, New York. **204** © Coco McCoy/Rainbow/Picture Quest. **206** © Jeff Greenberg/Stock Boston. **210** © Paul Conklin/ PhotoEdit. **211** © Corel Corporation. **213** © Tony Freeman/PhotoEdit/ Picture Quest. **214** © David Young-Wolff/PhotoEdit. **216** © Jon Feingersh/ The Stock Market. **222** © Joe Patronite/ The Image Bank. **225** © Ed Pritchard/ Tony Stone Images. **227** © Caroline Wood/Allstock/Picture Quest. **228** Courtesy of NASA. **229** © Hunter Freeman/Tony Stone Images. **230** © PhotoDisc, Inc. **231** © Robert Holmes/ CORBIS. **233** © Kevin Jacobus/The Image Works. **236** © Ted Streshinski/ CORBIS. **238** © Bettmann/CORBIS. **239** © Victor Scocozza/FPG International. **242** © NASA/ Digital Stock Corp. **243** © CORBIS. **244** © PhotoDisc, Inc. **245** © M. Gibbs/ Animals Animals. **246** © Artville. **247** © PhotoDisc, Inc.

Cover Photograph
John Martin/The Stock Market

Notas

Notas

Notas

Notas